LA

SAINTE-CHAPELLE

DE PARIS.

LA

SAINTE-CHAPELLE

DE PARIS.

NOTICE HISTORIQUE, ARCHÉOLOGIQUE ET DESCRIPTIVE

SUR CE CÉLÈBRE ORATOIRE DE SAINT LOUIS,

PAR N.-M. TROCHE,

Chef du bureau de l'État-civil du 4e arrondissement de Paris,
collaborateur de la *Revue archéologique* et membre titulaire
de la *Société de Sphragistique de Paris*.

Et venient ad te curvi filii eorum
qui humiliaverunt te.
(*Isaiæ; cap. LX, v.* 14.)

PARIS,

BOUCQUIN, IMPRIMEUR, RUE DE LA SAINTE-CHAPELLE, 5.

1855.

LA

SAINTE-CHAPELLE

DE PARIS.

> « Et les enfants de ceux qui vous
> » avaient humiliée, viendront se
> » prosterner devant vous. »
> (*Isaie, chap. LX, v. 14.*)

Parmi le petit nombre de monuments religieux que le vandalisme révolutionnaire de 1793 a laissé subsister dans Paris (1), il en existe un qui se recommande particulièrement à l'admiration des hommes, autant par le prestige de glorieux souvenirs que par la magnificence de son architecture.

---

(1) Il n'y avait pas moins de 306 édifices religieux à Paris avant 1790, savoir : 59 églises paroissiales, 12 collégiales, 10 abbatiales, 11 prieuriales, 124 conventuelles et 90 chapelles.

Son nom ne saurait être répété sans rappeler avec le souvenir de saint Louis, l'un de nos meilleurs rois, les faits les plus importants de notre histoire, et sans réveiller en même temps l'idée d'un merveilleux chef-d'œuvre monumental de l'ère théocratique.

Cet édifice est la royale Sainte-Chapelle du Palais-de-Justice, qui, malgré l'exiguité de ses dimensions, s'offre à la pensée avec ses formes gracieuses et mignonnes comme un charme puissant et mystérieux. C'est, en effet, ce caractère tout mystique et tout plein d'art synthétique; puis la richesse, le symbolisme de son ornementation intérieure et de son antique vitrerie peinte et historiée, qui lui ont donné une célébrité vraiment populaire en France et jusques dans les pays étrangers.

Beaudouin II, de Courtenay, empereur de Constantinople, avait été contraint de mettre la sainte couronne d'épines entre les mains des Vénitiens, pour sûreté des emprunts qu'il leur avait faits. Saint Louis paya ces emprunts et dégagea la sainte couronne, dont l'empereur lui fit don. L'auguste relique fut apportée à Paris le 18 ou le 20 août 1239, et déposée provisoirement dans une chapelle du palais, appelée de Saint-Nicolas, que Robert-le-Pieux avait fait construire sous l'invocation de cet illustre évêque de Myre, en Lycie, vers l'an 1030, et qui fut rebâtie au siècle suivant, sous Louis-le-Gros, ainsi qu'il résulte des lettres de Louis VII;

de l'an 1160. (Dubois, *Hist. eccl.* Paris, t. I, p. 354) (1). La possession si désirée de la sainte couronne d'épines, suivie plus tard, en 1241, de l'acquisition de plusieurs autres insignes reliques de la Passion du Sauveur, avaient inspiré à Louis IX la pensée de consacrer un édifice spécial et magnifique à ces vénérables monuments de notre foi.

---

(1) Il n'est pas surprenant que nos rois aient eu dans leur palais, à Paris, une chapelle domestique dédiée à ce glorieux confesseur, honoré d'un culte public depuis le VIe siècle, chez les Grecs et les Latins, puis invoqué de temps immémorial par les nautonniers dans leur détresse, et qui l'ont pris pour patron : c'est pourquoi on le représente souvent avec les attributs de la marine. Les jeunes garçons sont aussi placés sous son patronage. Un grand nombre d'églises en France sont sous son invocation; Paris en avait jadis jusqu'à trois dans son enceinte, il y existe encore deux paroisses de ce nom. On ne peut entrer encore aujourd'hui dans aucune église des Vosges, de la Lorraine et du Bassigny sans y voir au moins son image. On trouve une excellente dissertation sur saint Nicolas dans les *Mémoires de Littérature et d'Histoire*, du P. Desmolets, oratorien, t. Ier, p. 106. Si, en raison de sa destination d'être le reliquaire de la sainte couronne d'épines, empourprée du sang du divin Rédempteur, la Sainte-Chapelle n'a pu conserver le vocable de Saint-Nicolas, du moins saint Louis, par respect pour ce bienheureux, fit transférer ce vocable à un autel érigé en son honneur dans la grande salle du palais, et desservi par un chapelain spécial. Mais, après l'incendie de cette salle, en 1618, cet autel fut rétabli dans la basse Sainte-Chapelle.

Alors fut commencée, en 1245(1), cette merveilleuse église de la Sainte-Chapelle, dans l'enceinte de la demeure royale qui devint exclusivement le palais de la Justice sous Louis XII, bien que le parlement eût commencé à y rendre ses arrêts, en 1302, sous le règne de Philippe-le-Bel.

Jaillot pense, contrairement à l'opinion de l'abbé Le Beuf(2), que la Sainte-Chapelle, construite dans ce pieux dessein, fut élevée sur les ruines de la chapelle de Saint-Nicolas, où la couronne d'épines avait d'abord été déposée. Il en donne, ce nous semble, une preuve assez plausible : Gauthier Cornut, archevêque de Sens, qui présidait à la cérémonie de la translation de la sainte couronne, fut chargé par le roi d'écrire l'histoire de cette translation (3). Après avoir dit dans son récit que la couronne d'épines avait été d'abord exposée dans la chapelle de Saint-Nicolas, il ajoute qu'il ne fut plus ensuite permis de la voir pour certaines raisons, *ex causis aliquibus*. Or, si la chapelle, que saint Louis entreprit presque immédiatement après la réception de la sainte couronne, ne se fût pas élevée

---

(1) Et en 1242, suivant Du Breul, liv. Ier, p. 135, *Théâtre des Antiq. de Paris,* éd. 1612.

(2) Jaillot, t. Ier, *Quartier de la Cité*, p. 10. — Le Beuf, t. Ier, p. 354.

(3) Cette relation est insérée en grande partie dans les *Acta Sanctorum* 25 *augusti; de S. Ludovico,* § 30 et 37. — Voir aussi *Collection de Duchesne,* t. V, p. 411.

à la place même où était la chapelle de Saint-Nicolas, est-il croyable qu'un monarque aussi pieux eût voulu priver ses sujets de la contemplation d'un objet aussi vénéré pendant tout le temps que devait durer la construction de l'église nouvelle?

L'édifice double de la Sainte-Chapelle fut élevé sous la direction de l'architecte Pierre de Montreuil, que Louis IX honorait à juste titre de sa confiance, comme étant le plus illustre des artistes constructeurs de la grande école architecturale du règne de Philippe-Auguste (1). Ils en étudièrent ensemble les plans et les modèles. Le saint roi en posa lui-même la première pierre en 1245, et, en moins de trois années seulement, Pierre de Montreuil acheva son œuvre en 1248. C'était pour ce temps, où les

---

(1) Ce grand artiste, qui joignait à de rares talents, une probité plus rare encore, mourut le 17 mars 1260, ou plutôt 1266. Il fut inhumé, dit-on, avec Agnès, sa femme (morte dix mois avant lui), dans le chœur de la chapelle de la Sainte-Vierge de l'abbaye de Saint-Germain-des-Prés, où sa tombe existait encore en 1790. Pierre y était représenté avec une règle et un compas à la main. On lisait en latin, autour de la pierre sépulcrale : « *Ici repose Pierre de Montereau, l'honneur des mœurs et le maître des carriers. Dieu l'appela à lui à l'âge de 54 ans* » (D. Bouillart, *Histoire de l'Abbaye de Saint-Germain-des-Prez*, in-f°, liv. III, p. 133). Les pierres de cette grande et magnifique chapelle claustrale, ainsi que la tombe de l'illustre architecte de saint Louis, ont été dispersées en 1793 par la pioche révolutionnaire.

procédés techniques de la construction n'étaient pas abrégés ou simplifiés comme ils le sont aujourd'hui par des moyens mécaniques, une merveille de célérité industrielle, comme actuellement ce chef-d'œuvre est encore, après six siècles et les chances les plus certaines de destruction, une merveille d'élégance, de légèreté et de solidité. Il est vrai qu'en considérant attentivement cette célérité de construction si remarquable, due assurément au zèle religieux dont les cœurs des fidèles étaient animés lorsqu'il s'agissait d'un monument chrétien, on doit rationnellement en conclure que beaucoup d'habitants de Paris voulurent concourir à la construction de la Sainte-Chapelle, soit en charriant les matériaux, soit en travaillant avec les ouvriers sous les yeux du grand roi, pour lui témoigner ainsi leur fidèle attachement, autant que par esprit de pénitence et de mortification. En présence de cet édifice si délicat et si longtemps maltraité ou délaissé, que doit-on penser de certaines de nos églises modernes, véritables carrières de pierres entassées, en style néo-grec, et qui, comptant à peine trente années d'existence, sont déjà frappées d'une décrépitude anticipée, sinon qu'elles ont été élevées par des moyens factices et qu'elles sont le résultat d'une fausse science?

Le génie de Pierre de Montreuil réalisa les pieuses et magnifiques intentions du roi et enrichit son œuvre de toutes les splendeurs esthétiques des beaux-arts de son temps. Aussi, aucun édifice religieux du moyen âge ne s'est montré plus en harmonie avec sa destination. Saint Louis n'y épargna aucune dépense pour le rendre digne de la France et de lui; de son côté, l'architecte y prodigua l'or, la peinture, l'émail, les vitraux rayonnants, et son éclat intérieur, maintenant redevenu aussi brillant qu'au temps primitif, pouvait rivaliser avec celui des plus riches monuments polychromes de l'Orient.

Au double point de vue esthétique et architectural, l'édifice de la Sainte-Chapelle est si parfait, et à l'époque hiératique où elle fut bâtie, le mysticisme et la vénération pour certains nombres symboliques, regardés comme sacrés, étaient tellement en prédilection, qu'il ne nous semblait guère supposable que Pierre de Montreuil aurait dédaigné d'appliquer cette mathématique divine au royal oratoire de saint Louis (1). Par cette considération esthétique, nous étions assez disposé à croire que toutes les dimensions géométriques de cette chapelle sont établies d'après ces principes. Mais après y avoir mûrement réfléchi, et sur des observations judicieuses et amicales qui nous ont été

---

(1) Voir *Rationale divinorum officiorum*, de Guill. Durand, évêque de Mende, au XIIIe siècle; lib. 1, cap. 1, § 17 et 27.

faites, nous nous sommes rappelé que le système des proportions mystiques a été inventé par les idéologues allemands du XVIe siècle, et nous sommes désormais convaincu qu'il ne peut s'appliquer à la Sainte-Chapelle de Paris.

L'enquête solennelle de la canonisation de saint Louis, commencée en 1285, sous la direction de Guillaume de Flavacourt, archevêque de Rouen, assisté de Guillaume de Grés, évêque d'Auxerre, et de Rotland Taverna, dit de Parme, évêque de Spolette, porte que ce monarque dépensa plus de 40 mille livres tournois (800,000 fr. environ) à la construction de la Sainte-Chapelle, qu'il appelle lui-même, avec affection, *Venerabilem illam et Sacram Capellam*, dans l'acte de seconde fondation, daté d'Aigues-Mortes, du mois d'août 1248. De sorte, qu'en ajoutant 100,000 autres livres tournois qu'il en coûta pour le retrait des saintes reliques et l'ornementation des châsses qui les contenaient, le tout revint à environ trois millions de notre monnaie (1); quelques historiens ont même porté cette dépense jusqu'à neuf millions.

D'après ce court aperçu, on voit que le saint

---

(1) Sous le règne de saint Louis (1226-1270), la livre numéraire représentait 18 fr. 44 c. 3 m. de la valeur actuelle (*Almanach des Monn. de* 1785).

roi n'épargna aucune dépense pour rendre cette chapelle digne de renfermer une si vénérable relique. Il paraît que son conseil ne fut pas toujours porté à applaudir à tant de magnificence, car l'un de ses membres se permit un jour de faire quelques respectueuses remontrances à cet égard. « *Diex*, répondit le roi, *Diex m'a donné tout ce que possède..... ce que despenserai pour luy et les nécessiteux sera tousiours le mieulx placé.* » Avec cette pensée, avec sa foi ardente et vive, saint Louis voulut que tout ce que la terre produit de plus riche et de plus rare fut employé dans sa construction ; aussi, l'or, l'argent, l'émail et les pierres précieuses furent-ils employés à profusion dans la décoration du royal oratoire.

La consécration solennelle de la Sainte-Chapelle eut lieu le *dimanche de Quasimodo*, 25 avril 1248, en présence du roi, de Odon de Châteauroux, évêque de Tusculum (aujourd'hui Frascati), légat du Saint-Siége, et des principaux évêques de France, au nombre de 13. La chapelle haute fut dédiée par le légat, sous le vocable de *la sainte Couronne et de la sainte Croix*; et la chapelle basse, sous le titre de *la glorieuse vierge Marie, mère de Dieu*, par Philippe Berruier, archevêque de Bourges. D. Du Breul, dans le texte latin qu'il donne des deux inscriptions commémoratives de cette double dédicace, et qui étaient gravées sur des pierres scellées sur le mur occidental de chacune des deux chapelles, indique cette dédicace au 7 des calendes de mai (1). Cette différence pourrait laisser présumer que c'est une erreur de chiffres qui aurait échappé à ce vénérable bénédictin, lui, qui, à cause de son âge et de ses infirmités, avoue lui-même, dans la préface de son livre, qu'il ne pouvait aller de sa personne dans les églises pour y chercher les preuves dont il avait besoin, et qu'il était forcé de recourir pour cela à l'obligeance d'autrui; mais il a copié exactement le chiffre de l'inscription dont le sens veut dire : le 7, *avant* les calendes de mai (2). Après la consécration de la Sainte-Chapelle, les évêques accordèrent, suivant l'usage adopté de temps immémorial dans ces solennités, un an d'indulgence à tous fidèles qui la visiteraient le jour anniversaire de sa dédicace, ou pendant l'octave.

Au fond de l'apside, derrière l'autel magistral, dans la partie la plus accessible aux regards, s'élevait une sorte de jubé, ou décoration d'architec-

---

(1) Du Breuil, *Théâtre des Antiquitez de Paris*, livre I, page 137, édition de 1612.

(2) En effet, d'après les quatre manières de compter les jours des 12 mois de l'année, suivant l'ancien calendrier romain, s'il s'agit de savoir ce que sera le 25 avril dans ce calendrier, on retranchera 25 jours sur 52, et l'on a 7, ou 7e jour avant les calendes de mai. Ainsi le comput des inscriptions précitées est exact et conforme au style classique lapidaire ou épigraphique.

ture, à arcades ogivales, qu'on vient de rétablir en 1849. L'arcade médiane de ce jubé, à voûte pleine, avec nervures croisées, supporte un sol horizontal prolongé jusques à la croisée centrale de l'apside. Sur cette voûte, au-dessus de la seconde arcade latérale ou du jubé, s'élevait un petit autel en bois, richement travaillé en arcatures à jour et doré; et sur la table de cet autel reposait la grande châsse en bronze doré qui contenait les insignes reliques, au nombre de vingt, savoir : la sainte couronne d'épines; la croix de *victoire*, ainsi nommée, parce que les empereurs la portaient à l'armée, dans l'espérance de la victoire : elle se composait de la partie du bois de la vraie croix qui avait touché les épaules du Sauveur; un morceau du fer de la lance dont Longin perça le côté de Jésus-Christ; un bout des chaînes dont il fut chargé; un morceau du manteau de pourpre dont les Juifs le couvrirent par dérision ; un morceau du roseau qu'ils lui donnèrent pour sceptre ; un morceau de l'éponge; du sang de Notre-Seigneur; du sang sorti d'une image miraculeuse du Rédempteur; un morceau des langes de sa sainte enfance ; un morceau du linge dont il se servit au lavement des pieds des apôtres; un fragment du Saint-Suaire, un linge sur lequel on voyait une empreinte de sa sainte face; du lait et des cheveux de la sainte Vierge, le haut du chef de saint Jean-Baptiste; une pierre du Saint-Sépulcre; la verge de Moïse (1). La sacristie renfermait, dans l'armoire dite *du Trésor*, d'autres très vénérables reliques, telles qu'une chemise de saint Louis, et sa discipline, conservées aujourd'hui dans le trésor de Notre-Dame de Paris (2).

De chaque côté de l'autel sont replacés aujourd'hui d'élégants petits escaliers en bois, tournant en hélice et renfermés dans des cages cylindriques délicatement découpées en arcades et fenestrages à jour. Ils conduisent à la plate-forme de la châsse. C'est par ces escaliers que les rois de France, seuls gardiens des clés de cette châsse, jusqu'à Louis XIII, ou les prélats qui procédaient à l'ostension des saintes reliques, montaient à l'estrade supérieure, aux jours solennels, pour en ouvrir les portes et satis-

---

(1) *Voir* Inventaire des Reliques de la Sainte-Chapelle, dressé en 1573 et publié par M. Douet-d'Arcq, dans la *Revue archéologique*, ann. 1840, t. V, 1re partie, p. 174 et suivantes. — J. S. Morand, *Histoire de la Sainte-Chapelle*, p. 40 et 41.

(2) « La Sainte-Chapelle de Paris, chacun le sent encore en la voyant, dit M. de Laborde, la Sainte-Chapelle n'était autre qu'une grande châsse, et l'on transporta à l'intérieur tout l'éclat extérieur des petites châsses. L'or ruisselait partout, les vitraux étaient comme des parois d'émail, et de tous côtés, soit par des plaques de verre, soit par des plaques de métal émaillées, on ajoutait à l'éclat des peintures. » (*Notice des Émaux du Musée du Louvre*, 1re partie, Hist. et Descrip., p. 60, 2 vol. in-8o. Paris, Vinchon, 1853).

faire ainsi l'ardente dévotion des fidèles. Lors de la destruction de la décoration mobilière de la Sainte-Chapelle, en 1793, l'un de ces curieux escaliers a été anéanti, et vient d'être remplacé du côté de l'Épître par un nouveau ; l'autre, celui du côté de l'Évangile, fut porté au musée des Monuments français et placé, sans soin, dans l'angle à gauche de la cour, auprès de la porte d'entrée pour le service de la loge du portier, où nous l'avons vu pendant plusieurs années exposé à toutes les intempéries; c'est pourquoi il était à peu près pourri quand il a été restitué naguères. Il a donc fallu toute l'intelligente patience d'un habile ouvrier en bois pour restaurer cet escalier délicat, sous la direction de M. Lassus, par d'innombrables incrustations qui en font un objet d'art ancien doublement précieux.

La châsse était placée sous une sorte de tabernacle en bois, à pignons aigus, haut de 7 mètres, qui lui servait de dais. Elle reposait là, à demeure, et ne fut jamais déplacée; aussi, lors de l'incendie du 26 juillet 1630, comme on n'avait point les clés qui restaient toujours entre les mains du roi, lequel était alors à Lyon, on fut obligé de briser les doubles portes de la châsse pour en retirer les saintes reliques que l'on déposa dans la sacristie, dont aussitôt on mura les portes (1). Les quatre

---

(1) Archives imp., série L., n° 832. G. Dongois, MS, p. 450.

piliers de ce tabernacle ou *ciborium*, se trouvaient, ainsi que l'autel à jour des saintes reliques, dans les magasins de Saint-Denis où ils avaient été transportés du musée des Petits-Augustins. Ces piliers et l'autel des reliques viennent d'être rétablis.

Cette châsse s'ouvrait à l'aide de huit clés, dont quatre pour la porte extérieure, et les quatre autres pour les treillis en fer qui défendaient intérieurement les saintes reliques (1). On les exposait en laissant ouverts les deux volets, ou bien on les mettait sur l'autel, en avant de la châsse (2). On les voyait alors du chœur et de la nef, d'où les personnes admises dans le chœur et le peuple les vénéraient.

La grande châsse, brisée en 1791, sera rétablie avec une exactitude parfaite au moyen des débris religieusement recueillis par M. Lassus, et des anciens dessins qu'il a colligés avec l'entente et le goût si éclairés qu'on lui connaît.

En des circonstances extrêmement rares, on tirait de la grande châsse quelques-unes des saintes reliques pour les porter processionnellement à Notre-Dame, à St-Germain-des-Prés ou à St-Germain-l'Auxerrois, qui étaient des églises stationales (3).

---

(1) Morand, *Histoire de la Sainte-Chapelle*, p. 40 et 41.
(2) G. Dougois, MS. précité, p. 368.
(3) En 1557, sous Henri III, lors du vol d'un morceau de la sainte croix, dont nous parlerons ci-après, on porta à

Ces reliques n'étaient jamais descendues sur le maître-autel; la vraie croix était seule exposée le dimanche de la Quinquagésime, en dedans de l'apside, devant la fenêtre centrale du chevet, de manière à être vue en dehors, dans la cour du palais, par les fidèles des douze paroisses de la cité, qui venaient en ce jour, processionnellement, dès sept heures du matin, en action de grâces, de la permission qu'ils venaient d'obtenir d'user du laitage et du beurre pendant le carême (*Morand*, p. 259).

Pendant longtemps les rois de France, à l'exemple de saint Louis, firent eux-mêmes l'ostension publique de la vraie croix, à certaines époques de l'année. On n'était admis qu'avec un grand mystère à examiner le trésor de la Sainte-Chapelle,

---

Saint-Germain-l'Auxerrois, comme église stationale, le chef de saint Jean-Baptiste, la sainte couronne d'épine et le fer de la lance (Dongois, MS., page 422). En 1483, on porta à Louis XI, malade à Tours, la croix de victoire et la verge de Moïse, qui furent ensuite réintégrées dans la châsse (Dongois, pag. 370). On portait ordinairement la relique de la vraie croix au premier président du parlement, en danger de mort : c'est ce qu'on fit, par exemple, aux présidents Nicolas de Verdun, en 1627; Pompone de Bellièvre, en 1657, et Guillaume de Lamoignon, en 1677. Nous n'avons trouvé dans aucun document écrit que les premiers présidents de la chambre des comptes aient joui du même privilége, bien que, depuis l'incendie de 1630, les clés de la grande châsse soient demeurées entre leurs mains.

ainsi que le dit Fabri de Peiresc dans sa correspondance.

En suite de la consécration de la Sainte-Chapelle, on publia les lettres de sa fondation, données par Louis IX, au mois de janvier 1245, lettres qu'il confirma par d'autres lettres de fondation non moins étendues, datées d'Aigues-Mortes, du mois d'août 1248, toutes conservées en originaux aux Archives impériales (section historique, série L).

Le 25 août 1248, quatre mois après avoir vu achever et bénir son œuvre chérie, l'un des plus beaux types de l'architecture ogivale, saint Louis s'embarquait à Aigues-Mortes pour l'Orient, afin d'accomplir le vœu qu'il avait fait, quatre ans auparant, malgré les représentations de Blanche de Castille, sa mère, et de Marguerite de Provence, sa femme. Mais une fois de retour à Paris, Louis fixa de nouveau sa résidence auprès de son délicieux oratoire. Là, dans ce palais si différent aujourd'hui dans sa structure hibride, et si bruyant dans son pourpris, il dirigea sagement pendant quelques années encore les affaires de l'État, tout en édifiant son peuple par ses vertus publiques et privées. Puis, voyant la France florissante et la paix avec les États voisins bien affermie, il se prépara à partir pour une nouvelle croisade, et fit voile pour Tunis, qu'il regardait comme le boulevard des Sarrasins en Afrique, et où il mourut, le 25 août 1270, dans sa cinquante-cinquième année.

Dès l'année 1243, deux ans avant que l'édifice que nous admirons fût en construction, le saint roi avait établi un collège de dix-sept ecclésiastiques chargés du service divin et de la garde des saintes reliques. Le nombre en fut successivement augmenté, surtout quand ce collège eut pris possession de la Sainte-Chapelle. Il lui avait, en conséquence, assigné des revenus opulents, relativement à l'époque, et qui furent toujours accrus par ses successeurs, en proportion des revenus publics et des variations de la valeur monétaire. De son côté, en la même année, le pape Innocent IV avait, par trois bulles successives, attaché de grandes indulgences aux reliques elles-mêmes ; et, par une quatrième, il faisait défense, dans le présent et dans l'avenir, à toute personne d'interdire la Sainte-Chapelle, ou d'excommunier ceux qui la desserviraient sans un ordre exprès du Saint-Siége. En 1320, le roi Philippe-le-Long faisait, par le pape Jean XXII, relever ses marguilliers de la juridiction de l'évêque de Paris, pour les mettre sous la discipline immédiate du trône apostolique. Les chapelains, ainsi que les marguilliers, avaient reçu le titre de chanoine, par lettres-patentes du même roi, de l'an 1318.

En somme, le clergé de la Sainte-Chapelle jouissait de magnifiques priviléges ; son chef-trésorier, ou archi-chapelain, décoré de la mitre et de l'anneau pontifical, officiait et marchait à l'égal des évêques, en vertu d'une bulle de Clément VII, du

30 avril 1380, mais dans l'enceinte du palais seulement. Ce collége ecclésiastique de la Sainte-Chapelle a été gouverné par 51 trésoriers, depuis 1248 jusqu'en 1790. Il a compté parmi ses membres beaucoup d'hommes illustres par leur science, leur piété et leurs vertus, notamment : Jean de Meulan, mort en 1368, 91° évêque de Paris ; Nicolas Oresme, grand-maître de Navarre ; le cardinal Pierre d'Ailly ; Robert Cénalis, évêque d'Avranches, etc.

En 1848, M. L. Douet-d'Arcq a publié dans la *Revue archéologique*, II° partie, p. 607 (n°s 1 et 1 *bis*, pl. 7) le sceau et le contre-sceau de la Sainte-Chapelle, d'après des empreintes de cire rouge attachées à des actes de 1368 et 1386, conservés aux Archives impériales. Le sceau représente un édifice gothique, divisé par quatre pinacles en trois compartiments, à frontons aigus, trilobés, et ornés de crochets sur les rampants. Dans le compartiment médial on distingue : la sainte couronne, la croix, la lance et l'éponge. Au-dessus sont suspendus cinq vases, figurant ceux qui étaient conservés dans la grande châsse de la Sainte-Chapelle. Ces vases renfermaient les saintes reliques désignées ci-dessus, pages 15-16. Dans le compartiment de droite, on voit saint Louis, et dans celui de gauche, Blanche de Castille, sa mère, tous deux à genoux, couvert du manteau royal et la couronne en tête. Dans la partie supérieure du champ, à droite, un ange descend du ciel tenant un encensoir. Celui de gauche a disparu, on ne voit plus que l'encensoir. La légende, en capitales gothiques, porte : « SIGILLUM SACRO SANCTE CAPELLE ILLUSTRISSIMI PRINCIPIS REGIS FRANCIÆ PARISIUS. » Le contre-sceau représente un petit portail gothique, flanqué de deux pinacles, et dont le fronton est surmonté d'un troisième, terminé par une croix grecque. Le champ est semé de France. La légende, aussi en capitales gothiques, porte : « CONTRA SIGILLUM SANCTE CAPELLE PARISIENSIS ILLUSTRISSIMI PRINCIPIS REGIS FRANCIA (1). »

---

(1) Le type que nous donnons ici, n'est point celui que

L'office de grand-chantre de la Sainte-Chapelle avait été institué par lettres-patentes de Philippe-le-Long, des . . mars et 8 juillet 1319. Il avait inspection sur la liturgie, la solennité des offices, et sur tout ce qui concernait le chant (1). Il était ordonné au trésorier d'assigner au grand-chantre une place honorable au chœur, ainsi qu'il convenait au second dignitaire du chapitre (2).

Les bornes de cette simple notice nous obligent de renvoyer à notre *Mémoire historique, archéologique et technologique*, etc., pour les curieux détails

---

nous venons de décrire; nous devons cette effigie à l'amitié de M. Arthur Forgeais, président de la *Société de Sphragistique*; elle fait partie de sa nombreuse collection, et a été prise par lui sur l'original en cire qui pendait à un rescrit capitulaire du XIIIe siècle.

(1) Il portait, pour marque de sa dignité et du commandement, un bâton cantoral en ébène, dont la partie supérieure était en argent doré, ornée de fleurs de lis sur champ d'émail, et surmontée d'un buste antique d'empereur romain, tenant d'un main une couronne d'épines, et de l'autre, une croix grecque à double croisillon; le tout, pour simuler Constantin ou saint Louis (Invent. de 1573. — *Rev. arch.*, t. V, p. 189. — Morand, p. 56 et suivantes).

(2) On ne peut parler du chantre de la Sainte-Chapelle sans penser au poëme du *Lutrin*, par Boileau, dont la première édition parut en 1674. Ce poëme a immortalisé, dès son vivant, Jacques Barrin, chantre et chanoine de la Sainte-Chapelle, qui, pendant les troubles de la Fronde, en 1652,

de certains rites et cérémonies liturgiques pratiqués anciennement par le clergé de la Sainte-Chapelle, dans quelques fêtes annuelles, pendant le temps où il s'est inspiré du spiritualisme et de l'esthétique chrétiens qui distinguent si particulièrement le XIIIe siècle.

Saint Louis créa les premières archives françaises et la première bibliothèque publique à la Sainte-Chapelle. Ce fut, dit-on, en Orient, que ce prince avait conçu l'idée de cette fondation. Ayant appris qu'un soudan d'Égypte faisait de

---

fut élu lieutenant de la colonelle du Palais ; de sorte qu'on put voir plusieurs fois cet ecclésiastique monter la garde et porter le bâton cantoral dans le même jour. Il n'est pas indifférent de rappeler ici, d'après l'Avis au lecteur, pour l'édition de 1701, que le poëme du *Lutrin* a été composé à l'occasion d'un différend assez léger qui s'éleva, le 1er août 1667, entre le trésorier, Claude Auvry, et le chantre, Jacques Barrin. Il y avait depuis longtemps, dans le chœur de la Sainte-Chapelle, un gros pupitre ou lutrin qui couvrait presque tout entier le chantre dans sa place; il le fit ôter. Le trésorier voulut le faire remettre ; de là vint une dispute qui fait le sujet de ce poëme sublime. Le reste, depuis le commencement jusqu'à la fin, est une pure fiction. Boileau, lui-même, convient que tous les personnages y sont, non-seulement inventés, mais qu'il a eu soin de leur donner un caractère opposé au caractère des hommes vénérables qui desservaient cette église. Boileau, dont les poésies sont une des gloires du siècle de Louis XIV, fut enterré dans la chapelle basse, le 14 mars 1711.

toutes parts rassembler, transcrire et traduire les livres des anciens philosophes, il s'était affligé d'apercevoir dans les enfants des ténèbres plus de prudence que dans les enfants de l'Évangile.

D'après tout ce que nous venons d'exposer brièvement, on comprend l'amour de saint Louis pour ce monument fondé par lui, pour y conserver les reliques, à ses yeux, les plus vénérables du monde, puisqu'elles étaient arrosées du sang du divin Rédempteur de l'humanité. Or, on sait que telle avait été la prédilection de Louis IX pour la Sainte-Chapelle, qu'il éprouvait un malaise quand il entendait le service divin dans une autre église. Souvent il y passait des heures entières, étendu sur les dalles qui touchaient à l'autel; et toute la France était si bien dans la confidence de son amour passionné pour l'admirable édifice, que le trouvère Rutebeuf, dans une pièce de vers, en trente strophes, qu'il composa à la nouvelle de la mort du saint roi, et intitulée : *Les Regrès au roy Loeys*, ne put s'empêcher de s'écrier à la 24ᵉ strophe :

> Chapèle de Paris! bien ères maintenue
> La mort, ce m'est aduis, t'a fet desconvenue
> Du miex de tes amys, t'a laissée toute nue,
> De la mort, sont plaintifs, et grant gent et menue (1).

---

(1) Manusc. de la Bibliothèque impériale, 7218, fol. 341, v°. — M. Ach. Jubinal a publié les œuvres du poète Rutebeuf. Paris, 1840, 2 vol. in-3°.

Le sentiment général qu'inspirait cette circonstance de la vie du saint monarque est encore le même qui se présente à l'esprit de ceux qui visitent aujourd'hui ce royal reliquaire de pierre. Assurément, il n'est pas une église en France qui réunisse plus de touchants ou de plus glorieux souvenirs de notre histoire religieuse nationale ; tout, dans sa structure et sa décoration, devient un sujet de prédication et d'enseignement pour le peuple.

Ainsi, c'est dans la Sainte-Chapelle de Paris, qu'après sa canonisation, sollicitée depuis longtemps, saint Louis reçut, vingt-sept ans après sa mort, le premier hommage de vénération publique. Après une dernière enquête, Boniface VIII, par une bulle du 11 août 1297, venait d'accorder à Philippe-le-Bel ce que la France désirait ardemment. En conséquence, le 7 mai 1298, tous les archevêques, évêques, abbés, prieurs, princes et barons du royaume se réunirent dans l'abbatiale de Saint-Denis, où reposaient les ossements du saint roi ; son corps ayant été bouilli dans l'eau salée, seul mode d'embaumement usité alors, on les leva de terre et on les mit dans une châsse d'argent qui fut portée d'abord par Pierre Barbet, archevêque de Reims, et Henri de Villars, archevêque de Lyon, puis successivement par divers autres prélats, depuis Saint-Denis jusqu'à la Sainte-Chapelle, au milieu d'un clergé et d'un peuple innombrables. Ces dépouilles augustes y demeurèrent plusieurs jours exposées au culte des fidèles, et elles furent ensuite reportées à Saint-Denis par les princes de la famille royale (1).

Philippe-le-Bel désirait que les restes de son saint aïeul restassent dans la Sainte-Chapelle; mais il crut ne pouvoir satisfaire ce désir filial sans enfreindre les droits de la royale abbaye, bien que Boniface VIII eût engagé Reignault-Gissart, abbé de Saint-Denis, et ses religieux, à ne pas s'opposer sur cela à la pieuse volonté du roi, et ce, par rescrit du 7 juillet 1298. Philippe se borna à faire mettre dans un reliquaire d'or, en forme de chef, enrichi de pierres précieuses, le chef de saint Louis, à l'exception du menton et de la mâchoire inférieure;

---

(1) Des croix furent érigées sur la route de Saint-Denis, depuis les portes de Paris, pour constater la mémoire de la translation des reliques de saint Louis, par son fils, Philippe-le-Hardi, et pour indiquer les endroits de la route où ce prince s'était reposé en portant sur ses épaules royales les restes de son père (*Voir* dom Félibien, *Histoire de l'Abbaye royale de Saint-Denis*, 1 vol. in-f°, p. 219. — *Voyage Liturg. de Mauléon*, in-8°, p. 262).

Ces croix, dites de Saint-Denis, ont été détruites par les iconoclastes de 1793; mais on peut en voir les dessins gravés dans la *Topographie du maréchal d'Uxelles*, au cabinet des estampes de la Bibliothèque impériale, t. XVI, f° 131; elles sont au nombre de cinq ou six, ornées de statuettes des rois de France, placées dans des niches qui entourent la base de ces pieux monuments.

puis, accompagné des grands du royaume, précédé de trois archevêques, de dix-huit évêques et d'un nombreux clergé, il fit apporter cette nouvelle relique dans son palais, où il venait de rendre le parlement sédentaire, et la plaça lui-même dans la Sainte-Chapelle, comme pour inviter ceux qui, près de là, rendaient les oracles de sa justice, à imiter saint Louis qui, *par son auguste caractère, pouvait permettre à sa tendresse d'interpréter les lois et de s'élever au-dessus d'elles, sans en violer la sainteté* (1).

Le 23 juin 1275, Marie de Brabant, femme de Philippe III le Hardi, fils de saint Louis, fut sacrée et couronnée reine de France, dans la Sainte-Chapelle (2).

Le 15 juin 1292, fut célébrée, dans la Sainte-Chapelle, le mariage de l'empereur Henri VII, comte de Luxembourg, avec Marguerite de Brabant, en présence du roi Philippe-le-Bel et des princes et seigneurs des deux cours (3).

C'est également dans la Sainte-Chapelle que, le 15 mai 1323, jour de la Pentecôte, fut couronnée

---

(1) *Panégyrique de saint Louis*, prononcé devant les deux Académies des belles-lettres et sciences, en 1782, par l'abbé de Boulogne, mort évêque de Troyes.
(2) Dreux du Radier, *Mém. hist. et crit. des reines et régentes de France*, t. III, p. 33. — Morand, p. 76.
(3) Morand, p. 82.

reine de France, Marie de Luxembourg, fille aînée de ce même empereur Henri VII, et de Marguerite de Brabant. Marie de Luxembourg était la seconde femme de Charles-le-Bel. Leur mariage avait été célébré précédemment à Provins, le 21 septembre 1322; mais cette princesse étant morte d'une chute, en état de grossesse, l'année suivante, 1224, Charles-le-Bel épousa, en troisièmes noces, Jeanne d'Évreux, sa cousine germaine, comme fille aînée de Louis de France, comte d'Évreux. Jeanne fut aussi couronnée dans la Sainte-Chapelle (1).

C'est encore dans la Sainte-Chapelle de Paris que, le 21 juin 1389, Charles VI assista au couronnement de la trop célèbre Isabeau de Bavière, sa femme (2).

Le 9 mars 1396, furent célébrées dans ce sanctuaire royal les fiançailles d'Isabelle de France, âgée de sept ans, fille aînée de Charles VI, avec Richard II, roi d'Angleterre (3).

Le 5 janvier 1398, veille de l'Epiphanie, nommée populairement *Fête des Rois*, une solennité

---

(1) Dreux du Radier, p. 85 et 88. — Morand, p. 120 et 121.
(2) Dreux du Radier, p. 122. — Morand, p. 151.
(3) Dreux du Radier, p. 166. — J. Lingard, *Hist. d'Angl.*, t. IV, p. 366. — Morand, p. 157.

d'une autre nature s'accomplit sous les voûtes de la Sainte-Chapelle : elle reçut l'empereur Charles IV, de Luxembourg, lequel, accompagné de Venceslas, son fils, roi des Romains, était venu à Paris, suivant le désir du pape Grégoire XI, pour négocier la paix entre la France et l'Angleterre, et aussi pour voir une dernière fois le roi Charles V, son neveu. Les trois monarques assistèrent aux premières vêpres, et le lendemain, à la grand'messe qui fut célébrée par Richard Picque, archevêque de Reims, et où ils firent l'offrande symbolique de l'or, de l'encens et de la myrrhe (1).

Dans ces temps où la foi était si profonde, il était bien naturel que l'édifice où reposaient les instruments de la Passion, fût choisi pour y délibérer sur ces expéditions lointaines formées par les rois et les peuples chrétiens, dans le but de conquérir les lieux saints où s'accomplit notre Rédemption, et de soumettre les infidèles qui s'élevaient contre la doctrine de Jésus-Christ. Or, au sujet d'un nouveau projet de croisade, il se tint, le 2 octobre 1332, dans la haute Sainte-Chapelle, en présence de Philippe VI de Valois, une auguste assemblée où se trouvèrent Jean de Luxembourg, roi de Bohême ; Philippe d'Evreux, dit le Sage,

---

(1) Morand, p. 146. — Troche, *Mém. hist. sur la Sainte-Chap.*, MS, f° 41.

roi de Navarre; Eudes IV, duc de Bourgogne; Jean III, dit le Bon, duc de Bretagne; Raoul, duc de Lorraine; Louis Ier, dit *Monsieur*, duc de Bourbon, ainsi que vingt-six prélats et un grand nombre de barons. Pierre de la Pallu, patriarche titulaire de Jérusalem, ayant exposé la triste situation de la Palestine, tous les membres de la noble assemblée se levèrent, et déclarèrent qu'ils étaient prêts à exposer leur vie et leurs biens pour une si sainte cause. Le roi, de son côté, déclara qu'il était résolu de partir pour la guerre sainte et de laisser la garde du royaume à son fils Jean, et aussitôt il demanda aux seigneurs présents de prêter à son fils serment d'obéissance, ce qu'ils firent tous en se tournant vers l'autel magistral et en élevant les mains vers les saintes reliques.

Il fut aussi tenu deux conciles dans la haute Sainte-Chapelle : l'un, en février 1395, reconnu, dans l'*Art de vérifier les dates*, comme concile national de la France; l'autre, en août 1408 : tous deux sous le règne de Charles VI.

La Sainte-Chapelle, si justement honorée, était aussi considérée comme le point de départ et le dernier terme de toutes les entreprises qui avaient pour objet de visiter la Terre-Sainte : c'est ce qui explique les noms de *Nazareth*, de *Jérusalem* et de *Galilée*, que portaient trois rues dans son voisinage, où venaient séjourner de nombreux pèlerins, arrivant ou en partance pour l'Orient. Cependant ce respect pour le royal sanctuaire reçut un jour une atteinte sacrilége et publique. Il est vrai que la doctrine de Luther commençait à fermenter parmi les peuples lors de cet événement. Ainsi, le 25 août 1503, jour consacré plus tard (1618) à l'anniversaire du saint fondateur, un jeune écolier de vingt-deux ans, nommé Edmond de la Fosse, entra, sous l'empire d'une sorte de monomanie furieuse, dans la Sainte-Chapelle, pendant la messe, arracha brusquement le pain eucharistique des mains du célébrant et s'enfuit avec rapidité. Arrivé dans la cour, il rompit l'hostie et la jeta à terre. Une cérémonie expiatoire eut lieu aussitôt pour racheter ce sacrilége; puis, le pavé sur lequel gisait ce qui restait de l'hostie ainsi profanée, fut enlevé du sol et déposé dans le trésor, comme un objet sanctifié par le contact de cette manne sacrée. Quant au malheureux écolier, on lui coupa le poing à l'endroit même où il avait rompu l'hostie, après quoi on le conduisit à l'ancienne voirie du marché aux pourceaux, quartier des Bourdonnais, où il fut brûlé vif et ses cendres jetées au vent par le bourreau.

Dans la nuit du 10 juillet 1575, la partie de la vraie croix qu'on était dans l'usage d'exposer à la vénération des fidèles, et non le principal morceau toujours renfermé dans la grande châsse, fut dérobée, malgré la surveillance des six gardes de la cour du palais, « *allans et venans toute nuict par icelle, tant pour la garde des sainctes reliques, comme du lieu* (1). ».

Cet événement eut dans Paris l'effet d'une calamité publique. On fit des processions générales auxquelles le roi, la reine, les princes, le parlement et le corps de ville assistèrent. Le prévôt des marchands et les échevins, après avoir pris les mesures de police les plus minutieuses, firent des promesses magnifiques à ceux qui feraient découvrir le ravisseur. L'historien Pierre Bonfons, dit Bénévole, présume que cette relique a été portée à Venise; mais dans la ville on pensa que ce vol n'était qu'une feinte imaginée par le roi Henri III qui, de concert avec la reine, sa mère, avait permis d'envoyer le reliquaire et son contenu en Italie, pour sûreté d'une somme d'argent que Catherine de Médicis voulait y emprunter. Néanmoins, pour réparer autant que possible ce malheur et satisfaire la piété publique, le roi fit couper en sa présence, au mois de septembre suivant, une portion de la grande croix, pour être montrée au peuple le jour du Vendredi-Saint, comme on faisait de celle de saint Louis, qui venait d'être volée (2).

Puisque les objets les plus augustes du sanctuaire royal n'avaient pu arrêter des mains sacriléges, les

---

(1) Ordonnance du roi Jean, du 6 mars 1363.
(2) J. S. Morand, p. 193.

pierres vénérables de ce sanctuaire, fruit de la piété et des arts, ne devaient pas être plus épargnées ; et, chose étrange, ce fut sous l'ancienne monarchie des descendants de saint Louis, quand la religion était encore vivace dans tous les cœurs, que la Sainte-Chapelle fut cruellement mutilée. Depuis l'origine et jusqu'au milieu de la seconde moitié du dernier siècle, l'édifice à double étage, qui existe encore aujourd'hui, était accolé au nord du rond-point par une sacristie à triple étage, en forme de chapelle, dans le même style que l'édifice principal. Délicieux et regrettable monument, dont on retrouve un type à la Sainte-Chapelle de Vincennes, qui est elle-même une réminiscence de celle de Paris, due à la piété de Charles V, qui en fit jeter les fondements ; les guerres civiles ayant, avec le temps, laissé à Henri II le soin de l'achever en élévation. Dans l'étage supérieur de cette sacristie de saint Louis était conservé le *Trésor des Chartes*. La chapelle haute n'avait primitivement de communication qu'avec le palais, par une longue galerie ; elle servait uniquement de chapelle royale ; la chapelle basse était consacrée aux commensaux et domestiques du palais, et la sacristie, s'élevant en hors-d'œuvre, avait ses communications intérieures avec les deux chapelles. En 1783, les froides constructions classiques élevées en remplacement des bâtiments royaux primitifs, détruits par l'incendie du palais, en 1776, n'ayant pas été combinées dans leur plan et leur assiette, de manière à respecter toujours l'isolement continu et traditionnel de la Sainte-Chapelle, entraînèrent fatalement la démolition de la belle sacristie monumentale, due aussi au génie de Pierre de Montreuil. Sur ses ruines s'élève aujourd'hui l'aile septentrionale de la façade du Palais-de-Justice, dans la cour d'honneur, dite du *Mai*.

Nous devons nous renfermer ici dans ce cycle déjà assez développé des fastes glorieux de la Sainte-Chapelle; et, tout en renvoyant nos lecteurs pour des détails historiques plus étendus à notre *Mémoire* précité, essayer maintenant de décrire succinctement les mystérieuses beautés de cette vénérable église, rendue désormais à sa splendeur primitive par la plus complète et la plus intelligente des restaurations.

L'édifice de la Sainte-Chapelle se compose de deux nefs ou églises superposées, que sépare une voûte légère n'ayant guère plus de vingt-cinq centimètres (neuf pouces) d'épaisseur : l'une, appelée la *Chapelle basse*, est au rez-de-chaussée; l'autre, dite *Chapelle haute*, est au premier étage. On y arrivait encore naguères par un escalier extérieur de style néo-classique et égyptien, construit en 1811, et dû au caprice artistique de A.-F. Peyre, alors architecte du gouvernement, escalier que l'architecte, M. Lassus, a supprimé pour rendre à l'édifice son unité native. Ces deux églises sont précédées d'un porche à l'occident. Les sculptures du tympan dans la voussure du portail de la chapelle haute, représentaient le *Jugement dernier;* et, sur le trumeau qui sépare les deux ventaux de la porte, était une statue du *Sauveur* bénissant de la main droite et tenant le globe terrestre dans la main gauche. Sur le trumeau de la porte de la chapelle basse, on voyait une statue de sainte Vierge, réputée miraculeuse au XVe siècle, et, dans le tympan au-dessus, était sculpté le *Trépas de Marie,* en présence des apôtres. Toutes ces sculptures, qui vont être fidèlement restituées, étaient peintes et dorées.

L'édifice de la Sainte-Chapelle appartient au style ogival primitif ou à lancettes. Son plan est un parallélogramme, dirigé dans sa longueur, suivant une ligne allant de l'est à l'ouest, conformément aux lois généralement observées autrefois dans l'orientation symbolique des édifices religieux, et terminé par une apside circulaire. La masse ne porte que sur de faibles colonnes et n'est soutenue par aucun pilier. Lorsque l'habile architecte, Pierre de Montreuil, éleva l'une sur l'autre ces deux églises qui forment la Sainte-Chapelle, ce que les architectes de Notre-Dame de Paris et de l'abbatiale de Saint-Denis n'avaient pu faire, il l'exécuta dans la partie supérieure du royal oratoire. Par une admirable inspiration de son génie, les colonnes firent le tour du gracieux édifice; toutes montèrent, d'un seul jet, jusqu'au faîte, et portèrent la voûte sur un simple chapiteau. Ses murs sont butés dans le pourtour extérieur par quatorze contre-forts à larmiers, pour soutenir la poussée des voûtes par leur contact immédiat. Ces contre-forts sont surmontés de pinacles ornés d'un bouquet, quelquefois d'un oiseau, à leur sommet, et de crochets sur leurs arêtes, dont les bases sont engagées en forme d'acrotères dans la balustrade ou galerie de pierre, découpée à jour, régnant autour du comble.

La toiture, en lames de plomb, détruite par l'incendie du 26 juillet 1630, était surmontée d'une crête, dont les découpures à jour décrivaient des fleurs de lis alternées de trèfles. Pour rétablir cette ornementation d'après un type analogue et contemporain, M. Lassus, architecte de la Sainte-Chapelle, a fait mouler les admirables plomberies des crêtes et des pinacles de l'Hôtel-Dieu de Beaune.

Sur le poinçon de la croupe du sanctuaire était un ange debout et tournant, de grandeur naturelle, aux ailes à demi-ouvertes, tenant d'une main la croix de résurrection, caractérisée par une bannière flottante, et de l'autre main une couronne d'épines.

L'édifice était gracieusement dominé par une flèche à merveilleuse dentelure, dont la pointe suspendue et balancée dans les airs, allait, à environ 34 mètres d'élévation au-dessus du comble, cacher dans les nuages le signe glorieux de la Rédemption. Cette flèche, si malheureusement détruite en 1630, n'était très évidemment pas contemporaine de la construction primitive, ainsi que cela résulte d'une curieuse ordonnance de Charles VI, du 7 mars 1383 (1), que nous donnons textuellement dans notre *Mémoire* précité; mais elle appartenait, d'après son style archaïque, à l'avant-dernière période de l'art ogival.

Avant d'entrer dans quelques autres courts détails descriptifs ou techniques, il nous semble nécessaire de donner ici les principales mesures géométriques de la Sainte-Chapelle, tout en regrettant de ne pouvoir déduire les motifs synthétiques et l'économie de ses diverses parties intérieures, comme nous l'avons fait dans un travail moins restreint.

Dans sa plus grande longueur, y compris la saillie des contre-forts butants, l'édifice de la Sainte-Chapelle présente. . . . . . . 36 m. » c.

Sa longueur dans œuvre est de. . 33 »

Sa longueur jusqu'à l'autel seulement, de . . . . 25 »

Hauteur du sol à la voûte de la chapelle haute. 20 50

---

(1) Cette pièce intéressante, inscrite sous le n° 1061, dans le 1er volume du *Catalogue des Archives du baron de Joursenvault*, p. 185, est conservée maintenant dans les archives de l'Hôtel-de-Ville de Paris.

Hauteur sous clef de voûte de la
chapelle basse. . . . . 6 m. 60 c.
Largeur extérieure, y compris les
contre-forts. . . . . 17 »
Largeur intérieure du nu d'un mur
à l'autre. 10. 70
Hauteur de la façade depuis le pavé
jusqu'à la pointe du pignon. . . . 42 50
Hauteur des tourelles latérales, à
partir de la galerie de ceinture. . . 15 »
Hauteur extérieure de l'édifice, compris la chapelle basse, depuis le pavé jusqu'à la galerie de ceinture. . . . . . . 29 m. » c.
Hauteur du comble jusqu'à la crête ou faîtage. . . . . . . 10 50 } 74 50
Élévation de la flèche reconstruite sous Louis XIII, depuis le faîtage jusqu'au coq. . 35 » (1)

On peut donc regarder la Sainte-Chapelle comme une église modèle, autant par la pureté du plan et

---

(1) La hauteur de la base de la nouvelle flèche, depuis l'extrados de la voûte jusqu'au faîtage du comble, est de 16 m. 49 c. La hauteur de la flèche, depuis la crête du faîtage jusqu'à la boule au-dessous de la croix, est de 33 m. 25 c.

l'élégance de sa construction que pour la richesse des sculptures polychrômes qui la décorent, et les plus beaux vitraux du XIIIe siècle, admirables par l'expression du dessin, la variété géométrique de leurs armatures de fer et la vivacité de leurs couleurs qui garnissent les quinze fenêtres du pourtour. Dans toutes ces fenêtres, de quinze mètres trente-six centimètres de hauteur, pour la nef, l'ogive est géminée et couronnée par un cercle découpé en rosace. Dans l'intrados de chacun des arcs, on voit inscrit un trèfle. Le cercle de chaque arcade géminée se transforme en un quatre-feuilles. Ces quatre-feuilles et la rose qui les amortit dans la pointe de l'archivolte sont dessinés par des tores circulaires, de telle sorte que ces fenêtres présentent quatre divisions dans le sens de leur hauteur, divisions déterminées par des colonnettes fasciculées; et que, des trois divisions en cercles formant le réseau de l'ogive, résulte le symbole trinitaire, si fréquemment dans la pensée des artistes de cette époque hiératique. L'archivolte de l'arc supérieur qui encadre les arcs plus petits, est ornée, dans la gorge ou moulure creuse, de feuillages plats ou recourbés. Chaque fenêtre est surmontée d'un élégant fronton en pignon tréflé, dont les rampants sont ornés de crochets étagés les uns au-dessus des autres.

La rose, en style flamboyant, offrant une circonférence d'environ 10 mètres et remplissant toute la largeur du mur de retraite de la façade, est une œuvre de l'époque de Charles VIII, tant pour la pierre que pour les vitraux. Dans les réseaux de sa périphérie sont représentés les diverses scènes et visions mystérieuses de l'Apocalypse. Il est curieux de faire remarquer, dans cette courte notice, que Morand n'a consacré que seize lignes à l'admirable vitrerie peinte de la Sainte-Chapelle, dans son volume in-4°, de 535 pages.

Voici la nomenclature abrégée et rapide des sujets représentés dans les quinze verrières du pourtour, classée suivant l'ordre exégétique, suivi par le peintre-verrier de saint Louis (1), en commençant par la première fenêtre au côté nord, en entrant :

1re fenêtre : *Création du monde ; création et chute de l'homme ; histoire des patriarches ;*

2e *Histoire de Moïse ; captivité du peuple de Dieu en Egypte ; sa délivrance et ses victoires ; alliance du Seigneur ; Tables de la loi ;*

3e *Continuation de l'histoire de Moïse, marches, batailles, campements, etc. ; développement des scènes principales des livres bibliques, de l'Exode et du Lévitique ;*

---

(1) Nous expliquons, avec quelque développement, dans notre *Mémoire historique et technologique*, encore inédit, la pensée générique de l'artiste, d'accord avec la synthèse et l'herméneutique sacrées, dans le classement des vitraux de la Sainte-Chapelle.

4ᵉ *Introduction du peuple de Dieu dans la Terre promise, sous la conduite de Josué; scènes diverses empruntées aux livres de Josué, des Juges et de Ruth;*

5ᵉ *Mission divinement libératrice de Gédéon; Jephté, vainqueur des Ammonites, et sa fille; les actions prodigieuses de Samson, juge et défenseur d'Israël;*

6ᵉ *Prophéties d'Isaïe; arbre de Jessé, ou tige généalogique des vingt rois de Juda, ancêtres de Jésus-Christ et de la vierge Marie;*

7ᵉ *Histoire et légende de saint Jean, évangéliste; histoire de la sainte Vierge et de la sainte enfance de Jésus-Christ;*

8ᵉ *Les mystères de la mission divine de Jésus-Christ; les principaux détails de sa douloureuse passion, depuis la Cène jusqu'à la mise au tombeau du corps du Sauveur; sa résurrection glorieuse; ses diverses apparitions aux saintes femmes; son ascension et la descente de l'Esprit-Saint sur les apôtres;*

9ᵉ *Légende de saint Jean-Baptiste; prophéties de Daniel;*

10ᵉ *Visions mystérieuses et prophéties d'Ezéchiel;*

11ᵉ *Légendes, Prophéties et Lamentations de Jérémie; histoire de Tobie;*

12ᵉ *Cette fenêtre est entièrement consacrée à l'histoire de la courageuse Judith, qui appela toutes les ressources d'une innocente séduction au secours de son saint et héroïque patriotisme,*

13ᵉ *Sujets divers tirés de l'Ancien Testament: on y remarque des festins, des combats et des supplices;*

14ᵉ *Histoire de Saül et de David, rois des Hébreux;*

15ᵉ et dernière : *Sujets relatifs à l'histoire de saint Louis et à la translation de la sainte couronne d'épines.*

Toutes ces verrières sont blasonnées des lis de France, et surtout de la tour donjonnée d'or, de Castille, que saint Louis, par un sentiment profond d'amour filial, se plaisait à reproduire partout, en souvenir de Blanche de Castille, sa mère.

Il est notoire et incontestable que, malgré une suite d'accidents naturels, d'événements et de remaniements regrettables, la belle et gracieuse Sainte-Chapelle possède encore la plus grande partie de ses verrières, sur lesquelles saint Louis a fixé si souvent ses nobles regards. L'état primitif de ces verrières, dont la date est certaine, se reconnaît dès le premier coup-d'œil; d'abord, aux dessins géométriques des armatures, et surtout à la résille qui maintient l'innombrable quantité de petites pièces de verre qui entrent dans la formation des vitraux du XIIIᵉ siècle; puis, à la forme héraldique, si pure et si élégante, des fleurs de lis et des tours de Castille, du saint roi et de Blanche, sa mère, qui se voient en mille endroits de ces verrières, et semées sur les bordures.

Saint Louis ne s'était pas contenté d'affecter une somme considérable à la vitrerie de la Sainte-Chapelle, il avait eu, de plus, le soin de réserver, par acte authentique, un fonds spécial sur les revenus de cette église, pour l'entretien de ses magnifiques verrières, comme étant la partie la plus fragile de l'édifice ; c'est ce qui résulte de ce passage qu'on lit dans l'acte de seconde fondation, daté du mois d'août 1248 : « *De prædictis etiam obventionibus et oblationibus vererias ejusdem capellæ refici et reparari volumus quotiens opus fuerit, et in bono statu servari.* » (« Nous voulons qu'à l'aide des aubaines et offrandes, dont il a été parlé plus haut, les verrières de ladite chapelle soient refaites et restaurées autant de fois qu'il en sera besoin, et entretenues en bon état ») (1). C'est donc à cette prévoyance du saint fondateur qu'il faut attribuer, non-seulement la conservation de ce qui nous reste de ces verrières, mais encore les nombreuses restaurations dont on a retrouvé la trace depuis le XIVe siècle jusqu'au siècle dernier, et dont la plus générale, comme la plus importante, paraît avoir eu lieu au XVIe siècle (2). Naguères on a pu reconnaître que quelques-unes de ces restaurations, faites sans goût comme sans intelligence, quoique sous la surveillance du chapitre, avaient jeté un grand désordre dans l'a-

---

(1) *Histoire de la ville de Paris*, par D. Michel Felibien, in-fo. Paris, 1725, t. III, Pièces justif., p. 124, A. — J. S. Morand, *Histoire de la Sainte-Chapelle*, IIe partie, Pièces justif, p. 11.

(2) F. de Lasteyrie, *Histoire de la Peinture sur verre*, XIIIe siècle, p. 172.

gencement et la classification historique des sujets. Or, il n'est pas sans intérêt archéologique pour l'avenir, que M. le comte Ferdinand de Lasteyrie ait constaté dans son savant ouvrage (*Histoire de la Peint. sur verre*, loc. cit.), outre ces grossières perturbations, l'état matériel de cette admirable vitrerie, vers 1839, et d'avoir pu même en reproduire quelques parties, avant que la restauration moderne lui eût fait perdre, sinon son caractère particulier, du moins une partie de sa précieuse authenticité.

Il paraît, d'après le témoignage de Pierre Le-vieil, que Guillaume Brice, peintre sur verre et vitrier de Paris, fut chargé, par le chapitre de la Sainte-Chapelle, de remettre en plomb neuf toutes les verrières de son église, qui avaient beaucoup souffert par l'action du temps. Cet auteur ajoute que deux ou trois ans avant la mort de Brice, cet habile vitrier avait parfaitement assorti une partie d'une des grandes fenêtres de cette royale basilique, qui avait été murée depuis longtemps, et que ce travail s'était opéré sans désaccord avec l'harmonie esthétique des anciens vitraux (1).

La partie inférieure des quinze fenêtres avait

---

(1) Levieil, l'*Art de la Peinture sur verre*, p. 136 et 137, 1 vol. in-fº. Paris, 1774.

perdu ses vitraux à une hauteur de trois mètres, lorsqu'en 1803, la Sainte-Chapelle, enlevée depuis déjà douze ans à son auguste destination, fut transformée en salle d'archives. Un double étage d'armoires et de casiers fut établi tout à l'entour du vaisseau, masquant par leur masse un grand nombre des panneaux des verrières qui furent enlevés comme inutiles, vendus ou détruits (1). Leurs armatures, restées vides, furent simplement bouchées avec du plâtre. Lorsqu'on entreprit de rendre à la Sainte-Chapelle son état et son aspect primitifs, cette perte était considérée comme irréparable par les hommes les plus capables de formuler une opinion sur cette matière.

De toutes les parties de la restauration générale de la Sainte-Chapelle, c'était en effet la restauration des verrières qui présentait les plus grandes difficultés. Non-seulement il était indispensable

---

(1) Les vitraux supprimés furent vendus au nommé Oran, peintre-vitrier, qui demeurait alors dans la petite rue Sainte-Anne-du-Palais, lequel les dispersa en les revendant à divers particuliers; car, bien longtemps après, on en a retrouvé deux panneaux chez un marchand de curiosités, à Paris. Une assez grande quantité de ces vitraux fut aussi vendue par M. Vitel, autre marchand de curiosités, à M. Auguis, ancien député et bibliothécaire de l'Institut, qui les plaça dans une chapelle domestique qu'il avait fait bâtir à la campagne.

que les artistes, à qui cette opération allait être confiée, eussent une connaissance assez approfondie de l'art au XIIIe siècle, pour étudier avec une méthode scrupuleuse ces verrières typiques, afin d'apporter dans leurs compositions complétives, l'exactitude traditionnelle observée dans le caractère des figures, dans les costumes, les attributs, les ornements et la forme des accessoires; mais il fallait encore connaître avec intelligence les faits bibliques, légendaires ou historiques, pour combler les lacunes sans anachronismes, ou recompléter la suite des scènes qui n'existaient plus. Puis, en outre, mettre les vitraux neufs en harmonie tellement identique avec les anciens, que l'œuvre moderne dût se fondre avec celle du XIIIe siècle, de manière à rendre l'illusion parfaite.

M. Lassus, architecte actuel du monument, ayant rationnellement la direction de toutes les natures de travaux, conçut l'heureuse idée de s'adjoindre, pour cette sérieuse opération, l'un de nos archéologues distingués, M. Ferdinand de Guillermy, qui rétablit patiemment, avec l'aide de la bible et de la légende, l'ordre des sujets qui avait été partout interverti. Puis, en tenant compte du nombre des panneaux dont les vitraux avaient été détruits, il proposa le nombre des sujets intercalaires nécessaires pour remplir complétement chaque fenêtre.

Mais, pour réussir plus sûrement à rétablir la

suite des scènes historiques et légendaires qui, jadis, s'unissaient dans un vaste plan, et offraient à la pensée un ensemble non moins harmonieux que celui qui charme la vue, M. Lassus adopta ce système fort ingénieux : avant d'enlever pour les réparer un seul des panneaux existants, l'architecte, simultanément avec M. de Guillermy, dressait un procès-verbal détaillé, constatant l'état du vitrail, et indiquant toutes les pièces remplacées ou brisées. De même, avant de procéder à la restauration, tous les panneaux étaient reproduits par de fidèles copies de la grandeur de l'original, fenêtre par fenêtre ; puis, après avoir servi à la restauration des anciens vitraux et à la confection des panneaux neufs, ces calques et les cartons composés par M. Steinheil ont été réunis et reliés ensemble. Chaque verrière forme un énorme volume conservé dans le bureau de l'agence des travaux.

La restauration des verrières de la Sainte-Chapelle devint l'objet d'un concours public qui fut jugé par une commission instituée par le ministre des travaux publics (1). Cette commission pro-

---

(1) Cette commission était composée de MM. Chevreul, membre de l'académie des sciences, président ; Ferdinand de Lasteyrie, membre de la chambre des députés ; Dumas et Brongniart, membres de l'académie des sciences ; Paul Delaroche, membre de l'académie des beaux-arts ; le baron de

posa M. H. Gérente, qui fut accepté. Cet habile et regrettable artiste avait à peine mis la main à l'œuvre, et déjà donné des preuves de son entente et de sa capacité, dans des panneaux qui annonçaient, vers un temps très prochain, une restauration bien comprise, lorsqu'en 1852 la mort vint le frapper presque subitement. M. Steinheil fut appelé pour le remplacer, avec la collaboration de M. Lusson, du Mans. Leurs immenses et consciencieux travaux touchent maintenant à leur terme : tout y révèle qu'ils ont, avec un respect absolu pour les moindres vestiges de ces reliques du moyen âge, pénétré les mystères et la synthèse de ces vénérables compositions théocratiques si aimées de saint Louis.

L'intérieur de la haute Sainte-Chapelle est formé d'une seule nef, composée de quatre arcades en ogive de chaque côté et de sept plus étroites rayon-

---

Guillermy; l'abbé Arthur Martin; Flandrin, peintre d'histoire; De Noue, maître des requêtes, chef de la division des bâtiments civils au ministère des travaux publics; Caristie, membre de l'académie des beaux-arts, vice-président du conseil-général des bâtiments civils; Debret, membre de l'académie des beaux-arts, inspecteur-général des bâtiments civils; Duban, membre honoraire du conseil-général des bâtiments civils, architecte de la Sainte-Chapelle; Vaudoyer, Victor Baltard, Violet-Le-Duc, architectes attachés au ministère des travaux publics.

nant au rond-point. Les trumeaux qui séparent les croisées dans le sens de la hauteur, sont formés de colonnettes cylindriques; leurs bases sont terminées par un socle très élevé et prismatique. Les chapiteaux sont rehaussés de feuillages finement découpés et couronnés par un tailloir à pans, sur lequel viennent retomber en faisceaux les arcs doubleaux et les nervures croisées des voûtes.

Afin d'exprimer plus intelligemment, que les piliers de l'église matérielle ressemblent symboliquement aux apôtres, colonnes vivantes qui soutiennent l'église spirituelle, l'architecte Pierre de Montreuil adossa sur les trumeaux des côtés de la nef, à 4 mètres environ du sol, les statues en pierre des douze apôtres, de 1 mètre 50 centimètres ou 5 pieds 4 pouces de haut. Plusieurs savants antiquaires ont cru que cette adjonction décorative était due au roi Charles V; mais une particularité remarquable de cet édifice vient détruire complètement cette supposition, en ce que les croix de sa consécration sont portées par ces mêmes statues. Elles sont debout, rangées dans un ordre hiératique qui n'est pas exempt de difficultés, si on voulait déterminer le rang que les apôtres occupaient entre eux. Tous sont vêtus d'une robe et d'un manteau gracieusement drapés, couverts de dessins variés, enrichis de broderies, de galons, d'émaux et de pierreries. Ainsi, chaque statue est nuancée du haut en bas; les parties nues, avec les tons de la carnation; les draperies, alternativement en couleurs et en dorures, à l'imitation des étoffes damassées. Le manteau est attaché par une fibule sur le côté gauche de la poitrine; à l'exception de saint Pierre, reconnaissable par ses clefs, et de saint Paul, par l'épée, instrument de son martyre et symbole de sa parole puissante, les autres apôtres ne se distinguent par aucun autre attribut iconographique que le bâton du voyageur. Chaque personnage tient dans sa main un disque monté sur un piédouche, dont le champ en quatre-feuilles est émaillé en bleu et chargé d'une croix ancrée ou pattée, qui reçut l'onction du saint chrême lors de la consécration de l'édifice. Il se trouve néanmoins quelques différences dans les détails de ces disques et dans la manière dont ils sont portés. Dix de ces statues, déplacées par l'orage révolutionnaire, avaient d'abord été classées dans le musée des Monuments français, aux Petits-Augustins. Les deux autres, réduites à l'état de tronçons par les manœuvres chargés de les descendre de leurs piédestaux, ont été retrouvées en 1842 : l'une, enfoncée comme blocage entre les reins d'une voûte et le pavé de la chapelle; et l'autre, enfouie dans le sol, au pied du porche de l'église. Après la fermeture de ce musée, en 1816, quatre de ces statues ayant été données aux missionnaires du Mont-Valérien, elles ont été recueillies en ce lieu, puis ensuite enfouies et décapitées par les émeutiers qui ravagèrent la sainte maison du Calvaire en 1830. Une autre avait trouvé un asile dans l'église de Créteil, près Paris, et ornait la chapelle baptismale.

Le gisement de ces statues était devenu un problême. Mais, grâce aux renseignements précis fournis à M. Lassus par feu M*gr* de Forbin-Janson, évêque de Nancy, de vénérable mémoire, et à l'obligeance si parfaite de M. le général Hecquet, alors chargé de la direction des fouilles préparatoires du Mont-Valérien pour le transformer en forteresse, il fut possible de retrouver les corps de quatre de ces statues. Cependant les têtes manquaient; elles furent retrouvées après plusieurs patientes recherches, par M. Lassus, chez une brave et pieuse femme du pays, qui en avait fait un rocher dans son jardin, et devant lequel elle venait prier Dieu : il fut assez difficile de la décider à les rendre. C'est ainsi, et au moyen de la distribution, comme *signalement*, d'une lithographie représentant un de ces apôtres, et dont nous possédons un exemplaire, que M. Lassus parvint à les réunir dans la Sainte-Chapelle, mais la plupart tellement mutilées, qu'il a fallu les remplacer par des statues neuves, modelées avec une précision traditionnelle sur les anciennes, par MM. Geoffroy de Chaume, Michel Pascal, Perrey et Delarue, sculpteurs. Toutes ces statues, tant les anciennes que les nouvelles, sont en pierre dure de Senlis.

A droite et à gauche, en entrant dans la chapelle haute, aboutissent de petits escaliers de pierre, à vis et noyau plein, pratiqués dans les angles, pour descendre à la chapelle basse et conduisant sur le comble par les centres de deux tourelles percées de barbacanes encadrées de moulures et terminées par de riches pyramides à crochets annelées de la couronne d'épines, attribut caractéristique du vocable de l'auguste édifice.

Le vaisseau est entouré d'un banc de pierre, vestige curieux d'une ancienne et respectable coutume de nos pieux devanciers : ce banc servait aux malades et aux infirmes quand il était d'usage de prier debout; car, au moyen âge, il n'y avait point de siége dans les églises, comme cela se pratique encore dans quelques contrées de la France et des royaumes étrangers, où les populations ne sont pas encore énervées par le confortable et la sensualité de la civilisation moderne.

Le soubassement continu de la chapelle est décoré d'un système d'arcatures présentant tout un ensemble de végétation, de zoologie et de polychromie saisissant, par le choix, la disposition et l'effet des couleurs symboliques simulant la mosaïque. Le couronnement est orné de feuillages, d'anges thuriféraires, de médaillons en quatre-feuilles, avec sujets historiés peints sur cire et sur verre émaillé, représentant des saints et saintes martyrs, dont on distingue les noms de quelques uns inscrits en auréoles (1). L'ornementation sculptée des églises au XIIIe siècle a un caractère bien particulier, et qui diffère essentiellement de celle des églises des siècles précédents : la Sainte-Chapelle de Paris en est un des plus beaux exemples. Elle emprunte tous ses motifs, si variés, à la Flore indigène : les feuilles de chêne, de lierre, de fraisiers, de violettes, de renoncules et de houx, en font tous les frais.

Sous la troisième grande fenêtre, à la hauteur du rond-point qui marque la séparation du chœur avec la nef, on voit de chaque côté, au centre de cette ordonnance ornementale, un renfoncement ou arcade surbaissée, pratiqué dans l'épaisseur des murs latéraux. Ces deux grandes niches à riches archivoltes, où figurent en regard deux des personnes divines, étaient les places d'honneur où, jusqu'à Louis XI, se tenaient les rois et les princes pour entendre le service divin; et, depuis ce règne jusqu'à celui de Henri II, où siégeaient ordinairement, vis-à-vis l'un de l'autre, le trésorier et le chantre, accompagnés des chanoines et des chapelains perpétuels.

---

(1) La piscine à droite de l'autel, qui mérite d'être signalée aux antiquaires religieux, a été l'objet d'un mémoire spécial, rédigé par M. L.-J. Guénebault, et accompagné d'une planche, inséré dans la *Revue archéologique*, année 1848, 1re partie, p. 368 et suiv.

Sur toute cette magnifique architecture décorative, qu'on avait empâtée de plusieurs couches successives de badigeon, nos savants restaurateurs ont retrouvé une immense partie des peintures polychrômes de l'époque de saint Louis, et dont les ornements aux mille couleurs, habilement restitués aujourd'hui sur des données parfaitement authentiques, par feu M. Vivet père, sous la direction de M. Lassus, s'allient si bien avec le jeu de la lumière à travers les verrières colorées; et leurs riches détails forment dans la chapelle une transition naturelle avec la majestueuse décoration de l'autel qui domine au fond de l'apside.

L'ordonnance sculpturale du mur de retraite au-dessus de la porte occidentale avait été couverte, aux dépens du bon goût, par un grand buffet d'orgues, chef-d'œuvre du facteur Clicquot. Cet instrument, qui remplissait toute la largeur de la chapelle et cachait en partie la rose, est maintenant à Saint-Germain-l'Auxerrois depuis 1791.

Dans ces derniers temps, et depuis Henri II, la nef était séparée du chœur à la hauteur de la quatrième travée, par une délicieuse boiserie en style renaissance, offrant toutefois une immense disparate avec l'ordonnance générale et archaïque du vaisseau. De chaque côté de la porte à deux vantaux découpés à jour, s'adossaient deux autels latéraux, dont les émaux des rétables, véritables chefs-d'œuvre de Léonard de Limoges, peints par lui en 1553, sont maintenant au musée du Louvre (1). La boiserie des hautes stalles du chœur était, comme les voûtes de la Sainte-Chapelle de Vincennes le sont encore aujourd'hui, décorée bien inconsidérément du monogramme ꟾꟾ, monument qui serait presque sacrilége en tel lieu si, suivant une opinion vulgaire fastidieusement répétée, il était l'emblème de la passion adultère de Henri II pour Diane de Poitiers (2).

Du côté de l'Épître est un retrait, construit en hors-d'œuvre, servant naguères de chambre au gardien, et appelé : *Oratoire de Louis XI*, parce qu'en effet ce roi taciturne le fit construire pour y entendre l'office divin, ou y prier seul et *incognito*. On voit encore dans le mur de flanc de la chapelle

---

(1) Sous les Nos 190 à 212 et 213 à 235, voir *Notice des Émaux* exposés dans les galeries du Musée du Louvre, par M. L. de Laborde, membre de l'Institut, etc., Ire partie, p. 189 et suiv.

(2) Toute erreur est chose mauvaise. Un préjugé résultant de la sanction donnée par le temps à une erreur historique, doit être condamné au tribunal de la raison. C'est en nous fondant sur ce principe, que nous ne pouvons admettre qu'un roi, qui s'honorait du titre de *très-chrétien*, ait jamais voulu souiller la maison de Dieu par des monuments devant y perpétuer le honteux souvenir de ses faiblesses, et que l'autorité ecclésiastique aurait autorisé par son silence un tel abus de pouvoir. Nous pensons avec fondement que ce monogramme est l'abréviation des mots *Henri Deux*.

la grille à nœuds et biaise, contre laquelle il approchait son visage quand il voulait voir l'autel ou contempler les saintes reliques.

Le maître-autel était construit à la romaine, c'est-à-dire isolé. Il s'élevait dans un carré marqué par quatre colonnes de marbre noir de Dinan, revêtues de chapiteaux corinthiens dorés et surmontés d'anges adorateurs, en bronze, œuvre de l'époque de Henri III.

Quant à la chapelle basse, elle offre, sous le triple point de vue architectural de la géométrie et de la stéréotomie, la preuve permanente de la science profonde de Pierre de Montreuil. On verra dans notre mémoire inédit, d'après les déductions logiques d'autorités compétentes, toutes les difficultés techniques que ce hardi constructeur eut à surmonter. Son plan intérieur consiste en trois nefs, dont la médiane est très large et les deux autres fort étroites, si on peut rationnellement donner ce nom à deux divisions latérales peu accusées. Elles sont formées de quatorze sveltes piliers cylindriques, avec bases polygonales et chapiteaux feuillagés. Ces piliers monostyles portent les voûtes qui décrivent une courbe ogivale très surbaissée pour la grande nef. La poussée des grandes voûtes est habilement maintenue par l'intercalation de petits arcs-boutants verticaux, découpés à jour et d'un effet fort gracieux. Dans tout le pourtour, les murs sont décorés de petites arcades ogivales portées sur des colonnettes du plus beau style de ce merveilleux siècle des croisades, dont les œuvres immortelles, comme l'élégance et le goût délicat, ont une force et une durée sans fin.

Le vaisseau de la basse Sainte-Chapelle est éclairé dans l'apside par des fenêtres ogivales au nombre mystérieux de sept (1). Elles sont divisées par des meneaux et rosaces d'une remarquable souplesse. Les fenêtres du flanc méridional viennent de recouvrer leurs divisions de pierre à rosettes polylobées, que le vandalisme restaurateur du XVIIe siècle avait détruites, sous prétexte de donner du jour.

---

(1) Par une conséquence de la dévotion (nous dirions presque intempérante) de nos pères, on a aveuglé anciennement toutes les fenêtres du côté nord, pour établir des autels à rétables contre ce mur. Les recherches attentives auxquelles ont donné lieu les divers travaux de restauration, ont amené la découverte sous badigeon d'une Annonciation peinte à crû sur le mur, dans les trois divisions d'une de ces fausses fenêtres, au rond-point. Cette peinture du XIIIe siècle, évidemment conçue à l'imitation d'un vitrail peint, dont elle reproduit les dispositions, offre pour la science et les arts un si grand intérêt, que le ministre des travaux publics chargea MM. Dumas et Persoz, chimistes, de lui faire connaître la nature des couleurs mises en usage pour son exécution et des excipients qui avaient servi à les fixer. Leur rapport, lu dans la séance de l'Académie des sciences, du 10 novembre 1851, est inséré dans le *Recueil des Mémoires* de cette académie (C. R., 2e semestre, t. XXXVIII, n° 19).

Comme dans la chapelle haute, les parois latérales, les colonnes, les voûtes et les nervures étaient enrichies de peintures polychrômes, dont les vestiges sont parfumés de la synthèse chrétienne des temps hiératiques, et qu'on a retrouvés en 1842, sous une couche épaisse d'ocre jaune, formant un contraste peu flatteur pour les peintures fortement avariées aujourd'hui, dont Martin Fréminet, peintre de Henri IV et de Louis XIII, avait décoré la voûte apsidale. Dans cette polychromie moderne, qui ne paraît pas avoir été inspirée par un sentiment purement religieux, on remarque des anges, à charnure bouffie, qu'un descripteur moderne du saint édifice, peu au fait des règles de l'iconographie de ces esprits célestes, a pris pour *des amours qui voltigent* (1) sur un ciel d'azur, semé de grosses et lourdes fleurs de lis héraldiques. Il aurait dû cependant s'apercevoir que ces anges portent les insignes de la Passion, et n'ont rien de mythologique.

Voici un incident que nous ne devons pas omettre dans cette notice, parce qu'il nous paraît avoir une grande importance dans l'histoire de la Sainte-Chapelle, et qu'il a été le sujet de bien des débats demeurés sans conclusion absolue. Le 15 mai 1843, il fut trouvé un cœur humain, renfermé dans une

---

(1) *Notice historique et descriptive de la Sainte-Chapelle*, p. 23. Paris, Garnier frères, 1849; in-8° de 31 pages.

boîte d'étain, en forme de cœur, et inhumé sous une dalle, sans épitaphe ni inscription, au centre de l'apside de la sainte chapelle haute, à peu près sous les saintes reliques de la Passion, quand elles reposaient dans la grande châsse, juxta-posée au-dessus de cet emplacement privilégié, qui ne pouvait être destiné qu'au royal fondateur.

Déjà, quarante-un ans auparavant, le 1er pluviôse an XI (21 janvier 1803), date anniversaire admirablement significative, ce même cœur avait été découvert en décarrelant l'apside, pour y établir les casiers des archives judiciaires. Mais l'archiviste-général, Armand-Gaston Camus, ancien avocat du clergé au parlement, qui, dans sa foi janséniste, avait encore conservé quelque respect pour les choses saintes, ordonna de replacer cette boîte au même lieu, sous une dalle du nouveau pavage, avec une note expliquant les circonstances de la découverte pour l'instruction de ceux qui, un jour, retrouveraient cette boîte.

Ce que le savant archiviste Camus avait prévu, étant arrivé en 1843, aussitôt deux opinions opposées se manifestèrent en présence de cette grande question d'archéologie chrétienne, dénuée de renseignements écrits qui pussent l'éclairer : l'une, que ces restes mortels étaient le cœur de saint Louis; l'autre, qu'ils n'étaient pas et ne pouvaient pas être ce cœur. Cette discussion dura dix-huit mois et fut déférée par le gouvernement à l'Académie. Personne, parmi les hommes religieux ou amis de la science, n'y demeura indifférent. L'autorité ecclésiastique, dûment consultée, crut devoir, faute de preuves matérielles, se renfermer dans le silence d'une sage réserve. L'opinion négative, empreinte d'un caractère d'acerbité et de partialité tout-à-fait étranger à la courtoisie académique, se posa en dénaturant complétement les déductions calmes, rationnelles et historiques des savants champions du cœur de saint Louis; ce qui n'a pas empêché la difficulté d'être encore aujourd'hui une question d'art et d'histoire, toujours pendante et soumise au libre examen de l'opinion publique, qu'une circonstance fortuite ou l'apparition d'un document caché dans les archives, peuvent résoudre providentiellement, au moment le plus imprévu et le plus prochain. Les pièces de ce conflit forment la matière de deux curieux volumes in-8°, publiés en 1844 et 1846 (1); il en résulte évidemment cette grave et précieuse conséquence, que personne n'a

---

(1) *Examen critique de la découverte du prétendu cœur de saint Louis*, par M. Letronne, garde-général des archives du royaume. Paris, F. Didot frères et Furne; 1844, fig. — *Preuves de la découverte du cœur de saint Louis*, rassemblées par MM. Berger de Xivrey, H. Deville, Ch. Lenormant; A. Le Prevost, P. Paris et le baron Taylor. Paris, F. Didot frères, 1846, fig.

pu dire, *avec certitude :* « Le cœur trouvé dans la Sainte-Chapelle de Paris n'est pas celui de saint Louis! »

En présence de cette incertitude, le ministre des travaux publics fit remettre la boîte avec ce qu'elle contenait à l'honorable et savant M. Duban, alors architecte du monument, pour être replacée dans l'apside, à l'endroit même où elle avait été trouvée, ainsi que cela résulte d'une note insérée au *Moniteur* du 24 octobre 1845.

Pour nous qui, dans nos convictions, n'admettons point de conjectures en matière de reliques, nous croyons néanmoins, tout en approuvant l'abstention prudente de l'autorité ecclésiastique, seul juge arbitral dans la question, nous croyons avec le savant académicien, M. Ch. Lenormant, que le cœur de saint Louis repose sous les voûtes de la Sainte-Chapelle, selon le plus cher de ses vœux, et que bientôt la religion, ayant repris possession de ce sanctuaire, le prêtre montant à l'autel, animé du souvenir du saint et royal fondateur, dira, en s'adressant à Dieu, sous l'empire de cette pensée et de sa confiance en la bonté céleste : *Nous te prions, Seigneur, par les mérites de tes saints, dont les reliques sont ici* (1).

---

(1) Liturgie de la sainte messe. — *Preuves de la découverte du cœur de saint Louis ;* Introduction, p. 24.

Après avoir analysé rapidement les beautés et les glorifications de la royale Sainte-Chapelle de Paris, parcourons brièvement, en terminant cette notice, le cycle de ses vicissitudes, dont heureusement le souvenir, atténué par la réhabilitation de l'admirable édifice, ne se retrouvera plus que dans l'histoire.

On peut dire que la première phase des désastres de la Sainte-Chapelle date de l'incendie qui menaça son existence, le 26 juillet 1630. Des plombiers, qui en réparaient la toiture, mirent involontairement le feu dans la charpente ; en quelques instants, l'incendie devint immense : la flèche à jour, en bois et plomb, construite sous Charles VI et Charles VII, par Robert Fouchier, charpentier, et qui passait pour une merveille artistique, endommagea gravement, en s'écroulant, toute l'architecture ornementale qui entourait le comble de l'édifice. Les dégâts furent si considérables, qu'on employa une année à les réparer, et que, pendant ce temps, on ne put célébrer l'office divin que dans la chapelle basse. Cependant, on n'y exécuta que les travaux d'art les plus urgents ; plus de crête découpée, plus, pour ainsi dire, de gargouilles taillées en monstres fantastiques (1), plus de figures

---

(1) Ces gargouilles ou gouttières saillantes avaient été tellement excoriées et engorgées de plomb fondu, qu'elles étaient frustes ou presque entièrement déformées et hors de service.

d'anges ni de statuettes extérieures. On reconstruisit une flèche sur un nouveau style, qui était loin d'offrir le même intérêt esthétique que celle du XIVe siècle (1).

Le souvenir de ce désastre était à peine effacé, après cinquante-six ans, lorsque surgit l'arrêt du conseil, du 11 mars 1787, qui, en supprimant les chapitres ou colléges des Saintes-Chapelles, dépouilla celle de Paris des priviléges et droits honorifiques inhérents, depuis saint Louis jusqu'à Louis XVI le martyr, au principal oratoire de nos rois; magnifique distinction que n'avait point faite la violence, mais que la foi et le respect avaient popularisée. Puis vinrent le décret de l'assemblée nationale des 2-4 nov. 1789, mettant aux mains de la nation tous les biens ecclésiastiques, et la *Constitution civile du Clergé*, des 12 juillet - 24 août 1790 (tit. Ier, art. 20), supprimant les chapitres, monastères et abbayes. Bientôt, pour l'exécution desdits actes, on vit s'introduire, en 1791, dans la royale chapelle, désormais proscrite, un commissaire du gouvernement chargé de s'emparer de ses riches joyaux. Les augustes reliques, devant lesquelles saint Louis humiliait son front royal, furent arrachées de leurs châsses d'or, dont les garnitures étaient

---

(1) *Voir*, pour l'aspect général de la Sainte-Chapelle, avant et après l'incendie, les dessins de Chastillon et d'Israël Sylvestre, et les deux vues en élévation de J.-S. Morand.

formées des plus belles pierreries que fournit l'Orient. Puis, pour que la désolation dans le lieu saint fût complète, ce dépouillement se fit sous la présidence de J.-B. Gobel, évêque constitutionnel de Paris, depuis le 27 mars 1791. Ce déplorable et prétendu successeur des saints Denis, Germain, Céraune et Landry, était assisté, pour cette spoliation, du chantre de la Sainte-Chapelle, de Bailly, maire de Paris, de l'huissier-priseur Poultier et de M. Alex. Lenoir, commissaire des objets d'art. Les reliques furent laissées à la disposition de l'évêque intrus, parce qu'elles n'avaient aux yeux des spoliateurs aucune valeur vénale. Mais les objets d'or et d'argent, ainsi que les pierres précieuses, furent portés à l'hôtel des monnaies pour y être, les uns absorbés dans le creuset national, et les autres pour devenir la proie des démagogues et chefs de faction. Quant aux principales reliques de la Passion, elles ont été providentiellement préservées, et se conservent aujourd'hui dans le trésor de l'église métropolitaine de Paris. (Voir *Notice historique et critique sur la sainte Couronne d'épines*, in-8°, 1828.)

Sous le directoire, le club nommé *Cercle de la Sainte-Chapelle* tenait ses séances dans cet édifice. Plus tard, dépouillé de ses autels, de ses boiseries sculptées et de ses statues, il servit de magasin à farines. Enfin, de 1803 à 1837, il fut affecté au dépôt des archives judiciaires. C'est assurément cette dernière attribution qui l'a préservé d'être démoli, bien que la question en ait été maintes fois agitée, même dans le conseil des bâtiments civils, lors de l'examen des projets d'agrandissement du Palais-de-Justice (1). Ainsi finit, après une existence de cinq cent soixante-treize années, une des plus vénérables institutions d'un glorieux passé, et dont nos rois, successeurs de saint Louis, s'honoraient du titre de protecteurs et de défenseurs.

La Sainte-Chapelle demeura dans l'oubli pendant les règnes de Louis XVIII et de Charles X. Il est cependant impossible de présumer qu'un tel oubli fût, de la part de ces excellents princes, un abandon absolu de l'oratoire de leur saint aïeul, puisque, sous leurs règnes pieux et paternels, l'église patronale de Sainte-Geneviève fut sanctifiée par la religion, et que Paris fut doté de quelques églises neuves, mais à la vérité peu remarquables au point de vue de l'art et de la synthèse. Cet oubli apparent n'a donc pu avoir d'autre cause que l'état de crise de l'ordre social à cette époque.

Les neuf premières années du règne de Louis-Philippe se passèrent dans la même incurie à l'égard de la Sainte-Chapelle. Mais, dans cet in-

---

(1) *La Presse*, 28 juillet 1837. Ce journal nomme le membre qui osa voter cette démolition. — On lit encore sur le jambage à gauche, en entrant sous le porche de la chapelle basse : *Propriété nationale à vendre*, tracé en lettres rouges.

tervalle, une prodigieuse et universelle réaction intellectuelle s'était manifestée : tous les hommes sérieux inclinèrent vers un système d'investigation du progrès en France dans la philosophie, les sciences, les lettres et les arts. En 1837, un comité historique des arts et monuments, sous le patronage du ministre de l'instruction publique, eut mission de publier tous les documents inédits relatifs à l'histoire des arts en France, et de faire connaître les monuments religieux, militaires et civils de notre glorieuse patrie. Dès ce moment, l'archéologie fut appelée à faire apprécier la religion catholique par ses monuments ; et c'est par cette nouvelle disposition providentielle des esprits que la Sainte-Chapelle, qui offrait encore tant de beautés et de souvenirs, malgré ses mutilations, attira enfin l'attention et l'intérêt des hommes éminents.

Au salon de 1836, M. Lassus exposa un travail historique et graphique complet sur la Sainte-Chapelle. Ce travail fut remarqué et lui valut une médaille d'or de deuxième classe. Aussi, quelques temps après, lorsque M. Duban fut chargé de cette restauration, il n'accepta cette mission qu'à la condition d'avoir pour inspecteur M. Lassus. Plus tard, ce dernier proposa à M. Duban d'adjoindre à l'agence M. Viollet-Le-Duc, avec lequel il se lia dès-lors d'amitié, et avec lequel il concourut pour la restauration de Notre-Dame de Paris, qui s'exécute sous leur commune et savante direction (1).

Sur les instances de plusieurs magistrats, et notamment de feu M. le premier président Séguier (2), le gouvernement se préoccupa sérieusement de restituer dans son intégrité native « *la plus féerique peut-être de toutes les créations dues à l'art du XIIIe siècle.* » En avril 1837, une commission s'assembla à la chambre des députés pour délibérer sur la consolidation et la restauration du vénérable édifice. Le ministre de l'intérieur en nomma l'architecte et l'inspecteur, MM. Duban et Lassus; plus tard, ainsi que nous le disions ci-dessus, M. Viollet-Le-Duc leur fut adjoint comme sous-

---

(1) M. Viollet-Le-Duc, architecte du gouvernement, et inspecteur-général des édifices diocésains, donne en ce moment un intéressant et utile témoignage de sa science technologique, par la publication d'un *Dictionnaire raisonné de l'Architecture française du* XIe *au* XVIe *siècle*, volume in-8º qui contiendra plus de 400 articles et 1,300 gravures sur bois, intercalées dans le texte.

(2) M. Séguier, premier président de la cour royale, décédé le 3 août 1848, a laissé, dans l'acte de ses dernières volontés, un témoignage solennel de son amour pour la Sainte-Chapelle, en affectant une rente perpétuelle de 1,000 fr. pour la fondation d'une messe, dite *de justice*, devant y être célébrée chaque matin, avant l'heure des audiences, par un chanoine de l'église métropolitaine, au choix de ses représentants (Codiciles des 21 septembre 1844 et 29 septembre 1846).

inspecteur; puis, six cent mille francs furent votés pour les premiers travaux qui, après avoir continué presque sans interruption, au moyen de nouveaux et abondants subsides, approchent maintenant de leur terme.

M. Lassus a succédé depuis cinq ans à M. Duban dans la direction de cette savante restauration. L'un et l'autre, dans cette tâche difficile, ont montré combien sont profondes leurs connaissances traditionnelles de l'art chrétien, non-seulement sous le rapport de la technique, mais encore sous ceux de la synthèse et de l'archéologie. Néanmoins, M. Lassus, mettant la dernière main à cette œuvre qui, dès le commencement, a toujours suivi son cours sous l'influence collective de ses talents, c'est à lui que devra en revenir, dans la suite des temps, la plus grande part de gloire. Il rétablit toutes choses dans la royale basilique, comme lorsque saint Louis venait y prier. C'est sous sa direction habile qu'un autre artiste dans son genre, M. Bellu, charpentier, vient de reconstruire entièrement la charpente du comble et de la surmonter d'une svelte et élégante flèche en bois et plomb, qui est la reproduction à peu près fidèle, dans son ornementation extérieure, de celle de Charles VII, détruite par l'incendie de 1630.

Nous avons eu l'occasion d'examiner, dans tous ses détails, le modèle d'ensemble de cette charpente et de la flèche, exécuté en bois de cèdre, sur une très petite échelle géométrale, par le même artiste. Ce précieux essai met en évidence toutes les ingénieuses ressources que M. Bellu sait trouver dans son art, ainsi que les savantes combinaisons trigonométriques qui constituent la coupe, l'assemblage et l'affermissement des innombrables pièces de son œuvre. Le système de moises entaillées, qui se croisent en tous sens avec des moises coudées, qu'il a employé pour lier toutes les parties et rendre tout écartement impossible, fait de ce travail moderne une œuvre modèle plus parfaite que l'ancienne charpente du clocher de Louis XIII, qui cependant passait pour être un chef-d'œuvre, et dont la base subsistait encore, mais qu'on vient d'être obligé de supprimer, parce que les bois en étaient vermoulus, ainsi que ceux de l'ancienne charpente du comble en bois de châtaignier. Ceux employés dans cette nouvelle construction, d'un admirable équarrissage pour les grosses pièces, sont de la plus belle essence de chênes provenant des forêts de la Bourgogne.

L'exécution de tous les ornements et sculptures de figures en plomb, a été admirablement faite par MM. Durand frères. Les ornements par M. Pyanet, et les figures remarquables par M. Geoffroy de Chaume.

La hauteur de la nouvelle flèche est de 40 mètres depuis le chéneau jusqu'à la pointe. Elle est de 27 mètres depuis le faîtage jusques et compris la boule qui devait être tout simplement surmontée d'une couronne d'épines, d'un bouquet de campanules épanouies, de la croix latine et d'un coq ; le tout en fer forgé et en cuivre doré. Cette croix est haute de 6 mètres.

Il est un fait archéologique acquis à l'histoire de la Sainte-Chapelle : c'est qu'elle a été couronnée, successivement, de quatre clochers ou flèches, y compris le clocher qui s'achève aujourd'hui ; savoir : celui construit avec l'église, sous le règne de saint Louis, et qui périssait de vétusté dans les derniers temps du règne de Charles VI (1383) ; le clocher achevé sous Charles VII, et qui a remplacé celui de saint Louis, jusqu'à ce qu'il ait été détruit par l'incendie de 1630 ; et le clocher que Louis XIII fit construire après l'incendie, lequel clocher fut abattu en 1791, sous le faux prétexte qu'il penchait ou était peu solide sur sa base.

La flèche ecclésiologique, principe vertical et emblème de la Résurrection, était, au XIIIe siècle, le trait caractéristique culminant de l'architecture chrétienne. Une flèche était donc indispensable pour le couronnement synthétique de la glorieuse chapelle, le plus symbolique de nos monuments sacrés. Aussi l'année 1853 a vu enfin se dresser dans les airs cette flèche si longtemps attendue et si vite enfantée, que distingue éminemment sous un immense horizon, son élévation et l'élégance mignonne de sa structure. Les noms de MM. Lassus et Bellu, Durand et Geoffroy de Chaume resteront attachés à cette pyramide ciselée comme une œuvre d'orfèvrerie, et autant remarquable par l'unité de son ensemble que par l'harmonie de ses détails qui sont en accord parfait avec le corps de l'édifice qu'elle complète.

Nous ne pouvons nous livrer ici à une description minutieuse de ces claires-voies et de ces galeries si délicates; de ces clochetons, de ces pinacles et de ces statues, qui sont disposés, avec une économie esthétique si savante, sur toutes les zônes ou les faces de la majestueuse aiguille. Mais nous allons tracer un rapide aperçu des principaux détails de cette gracieuse ornementation.

Le nouveau clocher de la Sainte-Chapelle s'élève avec hardiesse, en chevalant sur le centre du faîtage de la toiture, dont il coupe en deux sections égales la crête découpée à jour et fleurdelisée. La pyramide polygonale est assise sur une base octogone divisée sur ses deux faces en un système d'arcatures trilobées, au centre desquelles apparaissent les statues en pied des saints apôtres, d'environ 2 mèt. 50 c. de hauteur. Saint Thomas est représenté sous les traits de l'architecte, M. Lassus, et saint Philippe reproduit ceux de M. Steinheil, peintre-verrier. Sur les pilastres à larmiers des quatre principales divisions de ces arcatures rampent des chimères. Cette partie basse est ourlée d'une délicate galerie à jour, et les angles sont butés par d'élégants contre-forts saillants, avec étrésillons, dont les pieds droits ou éperons, ornés de fleurons, sont taillés en aiguilles.

Le corps du clocher est divisé en deux étages propres à recevoir une sonnerie. Chaque étage est éclairé par un fenêtrage ogival divisé par un meneau central. Au premier étage, le champ de l'ogive est découpé en trèfle et l'archivolte surmontée d'un édicule à crochets amorti par un fleuron. Les arcs fénestrés à trilobures du second étage sont couronnés de pignons aigus amortis par des pinacles ciselés. Tous ces jours se détachant sur le ciel produisent un effet merveilleux.

Sur les jambages ou pieds droits formant l'ossature du clocher et divisant latéralement les pignons, s'élèvent gracieusement, à la naissance et aux angles de la flèche proprement dite, huit délicieuses statues d'anges, debout, aux ailes droites, portant les instruments de la Passion et sonnant de l'olifant, tournés vers toutes les faces du ciel et de la terre; proclamant ainsi le mystère de la puissance de Jésus-Christ dans l'oblation de la croix, où son sang a coulé pour le salut du monde. Ainsi, cette délicate aiguille est décorée de vingt-une statues.

La flèche, à huit pans, est ornée sur toutes ses faces d'un semis de fleurs de lis héraldiques inscrites dans un chevron renversé ; et des crochets garnissent ascendantalement les arêtiers toriques formant les angles. L'amortissement de cette flèche a été modifié ainsi : au dessous d'une moulure convexe figurant une boule et chargée de quatre chimères accroupies, regardant les quatre points cardinaux du ciel, règne un nœud feuillagé autour duquel sont appliqués, à l'imitation de ce qui existe à Châlons-sur-Marne et à Beaune, huit mascarons ceints de couronnes à fleurons, sur le fronteau desquelles sont inscrits, comme mémorial, les noms des principaux artistes et ouvriers qui ont participé, par leur travail, à la restauration de la Sainte-Chapelle et à la construction de cette flèche ; ces mascarons reproduisent les traits de ces artistes et ouvriers, et sont de véritables portraits (1). Du centre du bouquet de campanules retombant épanouies sur les chimères sort la tige de la croix latine, dont le signe glorieux et protecteur brille de nouveau, du sommet de la pyramide, sur tout le vieux Paris. Cette croix rayonnante dans ses intersections, et fleuronnée à ses extrémités, est surmontée du coq, qui figure moins ici comme anémoscope servant à indiquer les variations du vent,

---

(1) Voici les noms des coopérateurs de cette restauration monumentale, représentés dans ces mascarons : MM. Geoffroy de Chaume, statuaire. — Michel Pascal, statuaire. — Texier, entrepreneur. — Bureau, chef-compagnon. — Malézieux, mouleur. — Adams, dessinateur. — Bourguignon, gâcheur de levage. — Perrey, statuaire.

que comme l'antique symbole esthétique du courage chrétien et de la vigilance qui annonce la lumière de l'éternité.

La croix et le coq exceptés, qui sont en fer et en cuivre, presque tout le reste de cette luxuriante ornementation chrétienne est en plomb doré. Les dorures ont été exécutées par M. Vivet fils.

Dans le but prudent de préserver l'édifice de la Sainte-Chapelle des atteintes de la foudre, les oracles de la science physique ont été consultés, et, d'après leur décision, la nouvelle flèche vient d'être armée d'un paratonnerre, dont la pointe métallique est fixée à la croix, pour soutirer l'électricité et la transmettre en bas, au moyen de fils conducteurs sans solution de continuité; ces conducteurs sont attachés par des tubes de verre isoloires, aux crochets des arêtiers, sur toute la hauteur de la pyramide, et plongent assez avant dans le sol, pour aller se perdre dans les vastes substructions du palais. Mais on ne peut, malgré son utilité, se dissimuler l'effet disgracieux produit par cette ligne métallique qui, vue de près, circonscrit la flèche du haut en bas.

La crête adaptée au faîtage de la couverture en plomb de la Sainte-Chapelle et couronnant le comble en reliant la décoration de la flèche, tant avec celle du pignon qu'avec celle du poinçon de la croupe du sanctuaire, offre aussi une très riche ornementation. Elle se compose de deux frises courantes superposées. Celle inférieure, à dessin réticulaire, est frangée de filets pendants imitant des flammes. L'autre frise ou galerie découpée à jour, d'un mètre de hauteur, se compose de fleurs de lis héraldiques inscrites dans des cercles; le tout, divisé symétriquement par les extrémités des baguettes ou couvre-joints de la toiture et amorti par des fleurons rachetés de petits pinacles distancés. La croupe du rond-point était surmontée autrefois d'une grande statue d'ange portant, d'une main la croix de triomphe, ou à banderolle, et de l'autre, la couronne d'épines. Il reposait sur le poinçon taillé en pinacle, soutenant le rayonnement de la charpente, et tournait au gré des vents, comme ceux des cathédrales de Reims et de Chartres (1). Cet anémoscope, disparu depuis bien longtemps, est ingénieusement remplacé aujourd'hui par un autre ange, de trois mètres de hauteur, tournant avec le soleil, au moyen d'un mécanisme d'horloge, et suivant le mouve—

---

(1) M. Lejeune, bibliothécaire de la ville de Chartres, explique ainsi la symbolique de l'ange tournant : « Cet emblème religieux, véritable horoscope de la propagation de la foi chrétienne, en indiquant à tous les instants le point d'où le vent soufflait, semblait annoncer en même temps qu'il n'existait sur la terre aucune contrée qui fût inaccessible au salut du monde que l'image du Christ, placée en avant sur la pointe du pignon de la porte royale (de la cathédrale de Chartres), enseignait aux peuples de la terre. » (*Sinistres de la cathédrale de Chartres*, in-18, p. 7, 1839.)

ment de rotation diurne de cet astre sur la voûte céleste. Ainsi, il tient symboliquement d'une main une croix haute, sans pennon, et de l'autre, il indique le point du ciel où brille l'astre du jour qui fournit la matière aux plus nobles similitudes dont se servent les auteurs sacrés à l'égard de Jésus-Christ, véritable « *soleil de justice* ». (*Malachiæ, cap. IV, v.* 2). Les pieds de cet ange reposent sur une boule décorée, comme à la pointe de la flèche, des portraits des maîtres plombier, charpentier, sculpteurs et peintres-doreurs qui ont opéré ce magnifique travail, et qui sont aussi nommés dans cette notice.

Toutes les plomberies ornementales de la flèche de la Sainte-Chapelle ont été exécutées en repoussé au marteau, et de la manière la plus habile, par MM. Durand frères, plombiers à Paris, qui ont aussi exécuté, l'année dernière, les élégantes plomberies de la flèche de Notre-Dame-de-Châlons-sur-Marne, sous la direction de M. Lassus.

Depuis le XVe siècle, on n'avait pas exécuté de plomberie au marteau; c'est donc la première fois, depuis quatre siècles, que l'on refait de semblables travaux; circonstances qu'on peut considérer comme une conquête nouvelle et précieuse pour l'industrie. Il faut en conclure logiquement, qu'un des avantages incontestables des travaux de restauration monumentale, c'est de réhabiliter les ouvriers intelligents, de les élever d'un degré, en les rapprochant de l'artiste, et de créer de nouvelles ressources aux arts et au commerce. Ainsi, les restaurations, et en particulier celle de la Sainte-Chapelle de Paris, ont fait renaître des industries éteintes, ou bien, oubliées depuis longtemps ; telles que : la ferronnerie, la peinture en émail, les vitraux, le repoussé, la broderie sur étoffe, etc.

Lors de la cérémonie pour *l'installation de la magistrature*, le 3 novembre 1849, le culte catholique étala de nouveau ses splendeurs dans la Sainte-Chapelle (1), et M. Lassus voulant, en cette cir-

---

(1) Vers 1800, pendant que le clergé constitutionnel était maître de Notre-Dame et des grandes églises de Paris, et que les catholiques étaient réduits à louer d'autres lieux pour l'exercice du culte, M. l'abbé Borderies, qui fut plus tard et mourut évêque de Versailles, et son ami M. l'abbé de La Lande, ancien curé de Saint-Thomas-d'Aquin, mort évêque de Rodez, desservirent pendant quelque temps la basse Sainte-Chapelle.

Lorsque, par la révolution du 18 brumaire an VIII (9 novembre 1799), Napoléon Bonaparte, revêtu du titre de consul, abolit en une heure la tyrannie du Directoire, qui opprimait à la fois et l'Église et l'État, les deux vénérables prêtres, profitant de cette domination plus douce pour exalter la religion, réparer peu à peu ses ruines, et rallier autour d'elle ses enfants dispersés, sortirent de la retraite où ils vivaient cachés, et ils se préparaient de nouveau à ouvrir leur pieux oratoire, quand le gouvernement consentit à leur louer la Sainte-Chapelle de Paris pour y exercer le culte divin. Les catholiques de la Cité et des quartiers environnants y accou-

constance, donner une idée de l'ancienne décoration du sanctuaire, rétablit l'autel du saint sacrifice dans sa forme primitive, avec son rétable tryptique, représentant sur un bas-relief à fond d'or Jésus Christ en croix entre la Vierge et saint Jean. Puis, la suspension, se composant d'une crosse enroulée en volute, et du sommet de laquelle descendait un ange en vermeil qui planait, les ailes à demi-ouvertes, en tenant suspendu au-dessus de l'autel le ciboire renfermant le pain eucharistique. Au bas de la crosse, deux autres anges, aussi en vermeil, encensaient à genoux le saint ciboire, ainsi exposé

---

rurent, et, tandis que les prêtres assermentés faisaient dans l'église Notre-Dame, encore dévastée, d'inutiles efforts pour conserver quelqu'existence apparente au schisme constitutionnel, et célébraient presque seuls leurs tristes solennités sous les voûtes de l'antique basilique abandonnée des vrais fidèles, et condamnée par les schismatiques eux-mêmes à la plus honteuse solitude; M. Borderies et M. de La Lande faisaient de la Sainte-Chapelle basse, qu'ils avaient ornée, une église digne des premiers siècles. On y voyait encore en 1840, au fond de l'apside, les vestiges d'un rétable rustique qu'ils avaient composé de coquilles de moules attachées par la partie convexe sur le mur terminal. On connaît encore plusieurs cantiques composés spécialement pour les catéchismes de la basse Sainte-Chapelle.

La cérémonie de la première communion qui y fut célébrée en 1802, offre des particularités trop remarquables pour ne pas les consigner ici comme un complément à l'histoire de notre vénérable édifice, et pouvant rappeler de touchants

à l'adoration publique : le tout était supporté par une ornementation formée d'un groupe de colonnettes avec bases et chapiteaux. L'autel, dont la table est soutenue par des colonnes, était couvert, suivant l'antique usage, d'un riche parement en brocart bleu et or. Au centre de la chapelle et au milieu de treize lustres à boules d'or, style moyen âge, était appendue une couronne imitée de celle qui existe à Aix-la-Chapelle, devant le tombeau de Charlemagne. Cette couronne, d'une grande richesse et maintenue par des chaînes, supportait

---

souvenirs à plus d'un contemporain qui furent les heureux témoins de ces pieuses circonstances. Nous en devons la connaissance à l'honorable et savant abbé Chatenay.

La retraite fut prêchée par un prêtre, blessé aux Carmes, lors des massacres des 2 et 3 septembre 1792. Le pieux et illustre duc Mathieu de Montmorency assistait à ces saintes réunions pour y méditer avec les enfants sur les mystères de la religion, sur l'utilité d'examen de sa conscience, et de songer aux moyens de s'unir entièrement à Dieu.

Un cantique célèbre, autant que populaire aujourd'hui dans la catholicité, et qui passe avec raison pour un morceau accompli, au double point de vue religieux et littéraire, fut composé pour cette solennité par feu M. Beuzelin, père du vénérable et ancien curé de la paroisse de la Madeleine, à Paris; vivant aujourd'hui modestement retiré du monde, dans un village aux environs de Paris.

M. Beuzelin père, auteur de ce petit poëme, était un littérateur modeste, un poète inconnu, mais un homme plein de foi, dévoué de cœur à MM. Borderies et de La Lande, autant

quarante bougies en cire jaune, comme celles dont étaient chargés les six chandeliers gothiques de l'autel. Cette particularité avait pour but de rappeler l'antique prescription liturgique qui n'admettait, pour l'usage du culte, que la *cire vierge*, c'est-à-dire jaune, pour éviter toute altération ou mélange.

Une grande lithographie, dessinée et publiée alors par Ph. Benoist et A. Bayol, a reproduit assez fidèlement l'intérieur de la haute Sainte-Chapelle et l'effet en perspective de cette mémorable

---

que zélateur éclairé des catéchismes de la Sainte-Chapelle. C'est assurément son amour pour la religion et sa tendresse paternelle qui inspirèrent si parfaitement sa muse chrétienne, car son fils, qui devait un jour recevoir l'onction presbytérale et se distinguer éminemment comme curé de l'une des premières paroisses de Paris, était, en ce jour béni, au nombre des jeunes premiers communiants.

Le neuvième vers de la première strophe de ce cantique, qu'admirait M. Borderies : « *Chantons sous cette voûte antique*, » fait évidemment allusion au vaisseau de la basse Sainte-Chapelle, où il a été chanté publiquement pour la première fois. Le vertueux prêtre estimait particulièrement la cinquième strophe : « *Loin des traits du chasseur*, » et la onzième strophe : « *O toi, qu'avec frayeur le chérubin contemple*, » au-dessus de toutes les autres.

Au reste, on peut voir, page 96, ce cantique par lequel les enfants s'invitent mutuellement à célébrer les bienfaits du Seigneur. Il est extrait de la IIIe partie, p. 330, du précieux *Recueil des Cantiques de Saint-Sulpice* (édit. T. Moronval),

cérémonie, où étaient réunis, sous ces voûtes sacrées, le chef de l'État et toutes les autorités religieuses, civiles, militaires et diplomatiques.

« Ce fut une grande pensée, disait Monseigneur l'archevêque de Paris, ce fut une grande pensée que celle d'amener aux pieds de *celui qui juge les justices mêmes*, la magistrature du pays, au moment où elle allait recevoir une institution nouvelle ; et en même temps une belle inspiration, d'avoir voulu marquer cette grande solennité par l'inauguration de cette auguste chapelle, demeurée si longtemps

---

dont les divisions sont si admirablement et théologiquement coordonnées; il se trouve aussi dans le *Manuel du catéchisme de la paroisse de la Madelaine*, p. 473, édit. de 1831.

Ce fut pendant le temps où MM. Borderies et de La Lande célébraient les mystères divins dans ce vieil oratoire des officiers et commensaux de saint Louis, et non sans protestation de la part de ces prêtres zélés, qu'on eut la malheureuse pensée d'enlever de la Sainte-Chapelle basse les restes mortels de Boileau, qui y reposaient depuis environ quatre-vingt-cinq ans auprès du chanoine et chantre Jean Mortis, de divers autres dignitaires ou chanoines du chapitre et présidents du parlement, pour les faire figurer, comme momies, parmi les antiquités nationales au musée des Petits-Augustins. Mais, en 1821, les restes de ce poète illustre retrouvèrent un pieux asile dans l'antique abbatiale de Saint-Germain-des-Prés. (*Voir Notice sur la Sainte-Chapelle*, après le 18 brumaire, par M. l'abbé Châtenay, chanoine, vicaire-général de Pamiers et de Montpellier. — *Ami de la Religion*, t. CXXI, année 1844, 29 juin, n° 3926, p. 665 et suiv.).

fermée, où domine, avec d'autres glorieux souvenirs, celui du grand prince qui fut à la fois législateur et magistrat, et pour lequel l'amour du peuple ne trouva pas de plus beau titre que celui de : *Roi justicier.* »

L'épigraphe que nous avons choisie nous semble justifiée par ces belles paroles de Mgr M.-D.-A. Sibour, archevêque de Paris. Et maintenant que la valeur architectonique et esthétique de la Sainte-Chapelle est justement appréciée par le plus grand nombre, donnons ce conseil, puisé aussi dans les saintes Écritures, aux rares contempteurs des beautés de ce chef-d'œuvre de l'ère théocratique, si malheureusement étouffé dans les nouvelles et incohérentes constructions du Palais-de-Justice : *Souvenez-vous des œuvres qu'ont faites vos ancêtres, chacun dans leur temps, et vous recevrez une grande gloire et un nom éternel* (Mementote operum patrum, quæ fecerunt in generationibus suis, et accipietis gloriam magnam et nomen æternum (Machab., lib. I, cap. 2, v. 51).

A l'égard de cette importante question de l'isolement de la Sainte-Chapelle, si malheureusement ensevelie dans les disparates constructions complétives du palais, les ministres de l'intérieur et des travaux publics chargèrent, en juillet 1849, une commission de donner son avis sur diverses questions relatives aux rapports entre l'édifice de la Sainte-Chapelle et le Palais-de-Justice de Paris. Elle se composait de MM. Rivet, conseiller d'état, de Montalembert, A. de Luynes et F. de Lasteyrie, alors membres de l'assemblée nationale; Baroche, procureur-général près la cour d'appel de Paris, Dupérier, Galis et Riant, membres de la commission municipale et départementale; Duban, architecte du Louvre; Caristie, inspecteur-général des bâtiments civils, et Mérimée, inspecteur-général des monuments historiques. Suivant son rapport, accompagné d'un plan de délimitation et de trois dessins, adressé au ministre le 28 août 1849, cette commission décida, à la presque unanimité, qu'il convenait de dégager, le côté nord de la Sainte-Chapelle, des constructions qui en obstruaient la vue, en supprimant la galerie contiguë formant un des côtés symétriques de la cour d'entrée du Palais-de-Justice; mais en même temps elle décida qu'il y avait lieu d'étudier les moyens d'établir une simple galerie, légère et peu élevée, entre les bâtiments formant les rues de la Barillerie, de la Sainte-Chapelle et le reste du Palais-de-Justice, cette communication étant reconnue indispensable pour les relations des divers services entre eux. Dans le cas de cette suppression, il devait être tenu compte au Département et à la ville de Paris des dépenses déjà faites en exécution des plans approuvés, ainsi que des emplacements dont seraient privés quelques services départementaux et municipaux. Ainsi, dans cette circonstance, la commission céda à un sentiment religieux, artistique et archéologique, en sacrifiant à l'intérêt de la Sainte-Chapelle la symétrie de la cour d'honneur du palais. Sur le vu de ces conclusions de la commission ministérielle, MM. Duc et Dommey, architectes du palais, adressèrent, sur cette même question d'isolement de la Sainte-Chapelle, un long rapport à M. Berger, représentant du peuple et préfet de la Seine, accompagné de cinq plans ichnographiques, offrant les diverses phases de l'état des constructions et de la délimitation de 1840 à 1849, avec le projet de la commission et celui qu'ils proposaient dans l'occurrence. Ce rapport, alléguant les perturbations qu'apporterait dans le palais l'adoption du projet de la commission, demandait qu'une mission fût confiée à des architectes experts et praticiens, pour juger si, après cinq siècles d'un état certainement défavorable à la Sainte-Chapelle, les constructions actuelles des soubassements présentaient des indices menaçants pour sa conservation. — De son côté, M. Lassus adressa un rapport au ministre des travaux publics pour réfuter celui de ses adversaires, où il démontrait péremptoirement que la galerie, objet du litige, et qu'il s'agissait de continuer, n'existait pas depuis cinq siècles, mais qu'elle avait été bâtie vers 1779. Puis il ajoutait qu'il suffisait d'entrer dans la chapelle basse pour être frappé du mauvais état des murs, et reconnaître qu'ils sont imprégnés d'humidité et de salpêtre, à cause du contact immédiat des deux édifices. Enfin, de part et d'autre, on entrait dans des détails financiers, étrangers au but de cette notice. Or, de tout ce conflit, il est résulté bien peu d'avantages pour le monument de saint Louis; quelques modifications coûteuses, il est vrai, ont été exécutées dans le but de son assainissement, mais il n'en demeure pas moins aveuglé au nord, et étouffé au midi par une ceinture formidable de greffes, de geôles et de cabinets de juges d'instruction, dont l'élévation exagérée ne permet pas même d'en voir le comble de loin.

Nous avons presque dépassé les bornes d'une simple *Notice,* extraite d'un plus grand travail : car, dans sa rigide acception, ce mot signifie l'idée brièv qu'on a d'une chose et qui en donne succinctement la connaissance; ainsi, les notions les plus essentielles se trouvent réunies dans ce cadre restreint. Nous croyons donc en avoir dit assez pour satisfaire la simple curiosité des visiteurs de la Sainte-Chapelle, pour réconcilier le peuple avec l'art catholique, et pour donner à toutes les intelligences une idée de la valeur esthétique et monumentale de l'un des plus beaux édifices religieux de la France : œuvre nationale qui donne au spectateur chrétien un avant-goût des splendeurs du ciel.

Dans le *Mémoire historique, archéologique et technologique sur la Sainte-Chapelle,* auquel nous mettons la dernière main, et que nous espérons publier ultérieurement, nous avons adopté un plan plus étendu, qui répond à des désirs et à des exigences de diverses natures (1). L'achèvement des réparations entreprises, et le rétablissement permanent du culte divin dans la royale basilique, chef-d'œuvre des arts au xiiie siècle, sera l'occasion favorable pour mettre au jour cette publication plus explicite.

Vers 1839, le comité historique des arts et monuments avait décidé qu'un travail historique complet sur le Palais-de-Justice et la Sainte-Chapelle serait exécuté. M. le comte de Montalembert devait rédiger le texte, et M. Lassus, qui possède en portefeuille tout le travail graphique, était chargé des dessins, mais la situation financière du comité

---

(1) L'importance monumentale et historique de la Sainte-Chapelle devait nécessairement exciter, à notre époque si positive, l'émulation des amis de l'art chrétien : c'est ce qui nous a fait oser entreprendre ce travail, surtout en considérant que cette basilique n'a d'autre historien que Sauveur-Jérôme Morand, l'un de ses chanoines; incolore et indigeste compilateur de Jean Mortis et de Gilles Dongois, chroniqueurs inédits du glorieux édifice, ou plutôt des constitutions, fondations et priviléges de son royal collége canonial; et qu'il est fort difficile de trouver, dans son volume in-4° de 535 pages, dédié à l'assemblée nationale qui allait abolir cette institution de saint Louis, un renseignement descriptif ou technologique de quelque valeur scientifique.

força d'ajourner indéfiniment ce travail qui, assurément, eût été traité avec plus de science et d'érudition que nous n'en possédons, par des hommes aussi éminents, et dont nous aurons à solliciter toute l'indulgence en faveur de notre bonne volonté. (*Bulletin archéolog.*, ann. 1843, t. Ier, p. 24.)

C'est par les monuments que se garde le souvenir des vieilles illustrations, des vieux usages et des gloires de la patrie. A ce point de vue, la capitale de la France doit être fière de posséder encore, dans sa vaste enceinte, la chapelle des vieux temps de la monarchie, qui résume les souvenirs de six cents années de gloire, et que néanmoins on avait naguère proposé d'abattre; puis, ensuite, d'en faire un musée chrétien. Dans le royal oratoire, désormais purifié des souillures que lui avait infligées la haine impie de toute autorité divine et humaine, le visiteur cherchera des yeux du cœur, tant de foi, d'art et de magnificence. Il fléchira le genou au pied de l'autel, à cette place des adorations de saint Louis, où il s'est tant de fois agenouillé, et où il s'humiliait profondément devant le roi du ciel et de la terre.

Malgré tant de titres à l'admiration et au respect, la Sainte-Chapelle n'est échappée que par une sorte de miracle à la destruction, pendant le temps (1793-94) que Chaumette, qui provoqua l'établissement du tribunal révolutionnaire, et l'accusateur public, Fouquier-Tinville, habitèrent ou fréquentèrent journellement le Palais-de-Justice. Elle n'eût pas été dans un moindre danger en 1848, sous la main des apôtres de la souveraineté du peuple et de la démocratie sociale, si leurs doctrines anarchiques avaient prévalu. On peut en lire la preuve dans le *National* du 27 novembre 1849, où se trouve un long feuilleton sur les *Restaurations de la Sainte-Chapelle*, qui, sous le spécieux prétexte d'économie financière, débute ainsi :

« L'anachronisme, la contrefaçon, *la peste rétrospective du gothique,* sévit toujours, il y a même recrudescence. La révolution de Février, qui semble venue au monde pour patroner et légitimer les plus mauvaises choses du passé, menace d'épouser le gothique avec amour, et vient d'inaugurer avec admiration la Sainte-Chapelle, restaurée dans le goût pur de saint Louis, en attendant Notre-Dame, récrépie de haut en bas, telle qu'elle était au temps de Philippe-le-Bel. Cela n'aura, sans doute, comme toutes les autres chimères des vieux partis, que la durée de l'équivoque et de la transition, le bénéfice du moment, le succès de la surprise et du malentendu ; mais c'est encore beaucoup trop ; car, ce qui est fait est fait ; ce qui est commencé s'achève, et, de ces malheureux travaux, la liste est déjà longue et le compte assez lourd..... »

» ..... Les réclames gothiques sur Notre-Dame, sur Sainte-Clotilde, sur la Sainte-Chapelle, infestent à la sourdine les journaux, abusent le public..... Une secte entreprenante, nous ne voulons pas dire une petite coterie habile d'archéologues épris de leurs systèmes, et d'architectes touchés du *quantum* des travaux, la sainte alliance des néo-gothiques et des néo-catholiques, mêlant l'art à la boutique, et la politique à la religion, convertit et conquit tout le gouvernement..... prêcha partout la croisade gothique et la dîme ogivale..... et obtint tout l'argent qu'elle voulut pour ses entreprises, même les plus insensées.

» Or, ses idées se résument ainsi : La seule architecture sacrée, la seule française, la seule appropriée à notre climat et aux matériaux de notre sol, la seule possible, rationnelle, nationale, chrétienne, c'est l'architecture gothique ! Autant d'erreurs et d'exagérations que de mots. Ses plans et ses projets sont à l'avenant : restaurer toutes les églises minées, exfoliées, émiettées des xie, xiie, xiiie et xive siècles, les refaire de la base au faîte..... achever les cathédrales interrompues du moyen âge..... ne plus bâtir qu'en style ogival..... contrefaire et doubler toutes les vieilles églises..... extravagance, impossibilité, barbarie rétrograde cumulées !

» L'entreprise est en pleine voie d'exécution..... Il est facile de prévoir que le total gothique nous coûtera quelque chose comme un ou deux milliards..... ce serait payer un peu cher..... les calques faux et grimaçants d'un art, aujourd'hui mort, qui florissait et brillait dans les temps d'ignorance et de crédulité.

» Nous ne voulions parler aujourd'hui que de la restauration intérieure de la Sainte-Chapelle, toute sculptée, dorée, enluminée, remise authentiquement, nous dit-on, en l'état où l'avait laissée saint Louis, et dans laquelle le Président de la République vient d'installer la magistrature nouvelle, et de distribuer les récompenses du dernier concours de l'industrie et de l'agriculture. Paris tout entier a été admis à la visiter, et il n'a, pas plus que nous, trouvé cela beau, s'il ne l'a pas trouvé aussi déplorable. Son juste instinct et sa délicatesse morale ne pouvaient être au rebours de la raison et du goût. Il y a dans cet étrange *specimen* de décoration mystico-gothique une trop grosse amorce à la simplicité de la foule et un trop vif reflet de barbarie : l'art et l'esprit moderne en sont également offensés.

» De tout le système actuel de restauration appliqué aux vieux monuments à ogive, et qu'il faut combattre en entier, la partie relative à l'ornementation proprement dite, et notamment l'enluminure générale, nous semble la pire de toutes, la plus endommageable au gothique, la plus répugnante à l'œil et au sentiment, la plus coûteuse en pure perte..... C'est depuis peu qu'on la démasque, et voilà déjà qu'elle menace de tout envahir. Les premiers essais se sont produits à Saint-Denis, à Saint-Germain-l'Auxerrois, à Saint-Gervais; du dedans même, elle va passer au dehors, comme dans le fabuleux portail qui fait face à la colonnade du Louvre; mais sa démonstration capitale, une de ses œuvres entières, c'est l'intérieur de la Sainte-Chapelle; on peut la juger là en connaissance de cause et la condamner définitivement.

» Nous le disons respectueusement à M. l'archevêque de Paris qui, dans son allocution publique, s'est applaudi, pour la religion et pour l'art, de cette restauration intérieure de la Sainte-Chapelle : il se trompe, il se laisse égarer, lui et son clergé, par l'école néo-gothique..... pour la religion, c'est une espèce de récrépiment suranné et honteux, et pour l'art, c'est de la grossièreté imitative et du vandalisme à reculons.

» ..... La Sainte-Chapelle avait, dans sa disposition même, le plus splendide décor naturel, une magie pittoresque sans égale : sa clôture de vitraux, les plus beaux du temps, parois diamantées, murailles transparentes de rubis, de saphirs et d'émeraudes, et qui s'illuminaient au dedans de tous les feux, qui la peignaient de tous les rayons du spectre solaire ! Or, les décorateurs n'ont trouvé rien de mieux que d'éteindre et de neutraliser ce prisme en contrariant les reflets, et opposant couleur à couleur, lumière à lumière, et combattant les tons les plus vifs des vitraux par les teintes les plus vives de la polychromie. Ainsi cette ornementation posthume a compromis gravement, sinon détruit du même coup, la légèreté et la hardiesse originale de cette architecture, son puissant effet et son génie propre de pittoresque et d'optique. Ce triste résultat est à partager entre M. Duban et M. Lassus, qui se sont partagé l'œuvre et la responsabilité, et cela nous surprend du premier, élégant disciple de la Renaissance, tout occupé à cette heure du Louvre et du château de Blois ; mais nous n'avions pas moins à craindre du second, qui est le plus....... porte-bannière des gothiques, et pousse aveuglément sur Notre-Dame ce système de restauration à outrance....... »

Le sévère et cauteleux économiste politique continue avec cette gracieuse aménité les huit colonnes de son feuilleton, signé Pe. H. Or, en lisant de telles paroles, il est permis d'en conclure qu'aussitôt après le triomphe de la démocratie, la Sainte-Chapelle et tous nos monuments religieux n'auraient point trouvé grâce devant elle.

Mais un immense changement s'est opéré depuis longtemps dans les esprits. En admirant nos églises, on est devenu presque juste, et un pouvoir catholique veille aujourd'hui avec sollicitude sur ces monuments sacrés, que renversait naguères, pierre à pierre, le vandalisme révolutionnaire barbare et ignorant, en haine de la religion divine qui les avait enfantés. Ainsi, la restauration de la Sainte-Chapelle, presque entièrement opérée avec une si généreuse munificence, et surtout avec tant de science et de goût, est tout à la fois une protestation au nom du passé, un appel à la justice du siècle et à l'impartialité du pays. « L'art chrétien, on le comprend maintenant, ne tient pas seulement au goût et à la fantaisie, il tient au cœur et à l'esprit, à tout ce que la foi religieuse a de plus énergique, à tout ce que la piété chrétienne a de plus tendre (1). »

Il ne nous reste plus qu'un vœu à former, c'est de voir bientôt, avec la prompte restauration de la statuaire des deux porches de la Sainte-Chapelle, et celle de l'intérieur de la chapelle basse, d'y voir aussi incessamment le culte divin définitivement rétabli; puis, d'y entendre « l'admirable psalmodie catholique, dont le chant ineffablement doux dans sa monotonie, berce les visions anticipées de la céleste patrie (2). »

Qui donc que vous soyez, qui viendrez visiter ce monument de la piété de l'un des plus grands

---

(1) L'abbé Sagette, *Essai sur l'Art chrétien*, chap. VIII.
(2) *Essai sur l'Art chrétien*, chap. VI, p. 141.

rois qui ait gouverné la France, portant la triple auréole de saint, de législateur et de guerrier, souvenez-vous que cette auguste chapelle a été fondée par saint Louis et construite sous ses yeux; qu'elle était son oratoire de prédilection; qu'il y a déposé les insignes reliques de la Passion du Sauveur, et que, prosterné dans cette même chapelle, devant ces précieux instruments de notre salut éternel, il a consumé, à cette place où vous posez vos pieds, toutes les heures qu'il a pu dérober à ses fonctions royales; et enfin, que ces escaliers tournants qui accompagnent l'autel, ont été souvent gravis par ce saint roi, quand, du haut de l'estrade de la grande châsse, il montrait lui-même au peuple ces vénérables trophées.

Puisse donc cet opuscule rendre de plus en plus populaire la mémoire de ce bon roi, qui fut le protecteur de la religion, qui édifia son peuple en lui donnant des lois, et qui, par sa sainteté, a mérité de rester son patron, même après avoir quitté la terre!

CANTIQUE

SUR LE CULTE ET LES SACREMENTS.

LES ENFANTS S'INVITENT MUTUELLEMENT A REMERCIER LE SEIGNEUR.

Air récent, n° 47.

TOUS LES ENFANTS ENSEMBLE.

CÉLÉBRONS ce grand jour par des chants d'allégresse,
 Nos vœux sont enfin satisfaits;
Bénissons le Seigneur, publions sa tendresse,
 Chantons, exaltons ses bienfaits.

 Pour nous, tout pécheurs que nous sommes,
 Il descend des cieux en ce jour:
 C'est parmi les enfants des hommes
 Qu'il aime à fixer son séjour.

 Chantons sous cette voûte antique
 Le Dieu qui règne sur nos cœurs;
 Célébrons, par un saint cantique,
 Et notre amour et ses faveurs.   (*bis.*)

LES GARÇONS.

O filles de Sion, que cette auguste enceinte
  Retentisse de vos concerts;
Ces lieux sont tout remplis de la majesté sainte
  Du Dieu puissant de l'univers.

  Bon père, à des enfants qu'il aime
  (Cieux, admirez tant de bonté!)
  Il donne, en se donnant lui-même,
  Le pain de l'immortalité.
    Chantons, etc.

LES FILLES.

Comme nous, en ce jour, nourris du pain des anges,
  Bénissez-le, jeunes chrétiens;
Chantons-le tour-à-tour, répétons les louanges
  Du Dieu qui nous comble de biens.

  Bon pasteur, aux meilleurs herbages
  Il conduit ses jeunes agneaux;
  Il les mène aux plus frais ombrages,
  Il les mène aux plus claires eaux.
    Chantons, etc.

LES GARÇONS.

Ta parole est, Seigneur, plus douce à mon oreille
  Que l'instrument le plus flatteur;
Ta parole est pour moi ce qu'à la jeune abeille
  Est le suc de la tendre fleur.

  Trois fois heureuse la famille
  Fidèle aux lois que tu prescris;
  Où la mère en instruit sa fille,
  Où le père en instruit son fils.
    Chantons, etc.

LES FILLES.

Loin des traits du chasseur, la colombe timide
 Cherche le repos des déserts ;
J'ai cherché le repos dans le temple où réside
 Le Dieu bienfaisant que je sers.

  Sous les tentes des grands du monde,
  Courez, peuple aveugle et pécheur ;
  Moi, j'ai choisi la paix profonde
  Des tabernacles du Seigneur.
   Chantons, etc.

LES GARÇONS.

Dieu, que je crains ce monde où les plaisirs, les vices,
 De toutes parts vont m'assiéger !
O toi, qui de mon cœur as reçu les prémices,
 Veille sur lui dans le danger.

  De tes saints préceptes, d'avance,
  Munis-le comme d'un rempart ;
  Entoure mon adolescence
  De la sagesse du vieillard.
   Chantons, etc.

LES FILLES.

Loin de moi ces faux biens que les mondains chérissent,
 Et dont l'éclat est si trompeur !
Périssables humains, sur des biens qui périssent
 Comment fonder notre bonheur ?

  Il se dérobe à la poursuite,
  Et dès qu'on l'avait cru saisir,
  Le temps l'emporte dans sa fuite,
  Et nous laisse le repentir.
   Chantons, etc.

LES GARÇONS.

La course des méchants, plus fugitive encore,
    Les précipite vers leur fin;
Je les vis redoutés, à ma première aurore,
    Et je les cherche à mon matin.

    Tel que dans les champs qu'il inonde,
    S'engloutit un torrent fangeux,
    Un moment ils troublent le monde,
    Et leurs noms meurent avec eux.
        Chantons, etc.

LES FILLES.

Bien plus heureux, Seigneur, qui marche à ta lumière,
    Sur ta loi réglant tous ses pas;
Et qui, dans l'innocence, achevant sa carrière,
    S'endort paisible entre tes bras:

    Son nom, qui fleurit d'âge en âge,
    D'un doux parfum répand l'odeur,
    De la terre il reçoit l'hommage,
    Du ciel il goûte le bonheur.
        Chantons, etc.

LES GARÇONS.

Je n'ai formé qu'un vœu, que mon Dieu l'accomplisse!
    Puissé-je, au pied de ses autels,
Fidèle adorateur, passer à son service
    Le reste de mes jours mortels.

    Que sa demeure me soit chère,
    Qu'elle plaise à mon cœur épris,
    Comme la maison d'un bon père
    Au cœur sensible d'un bon fils.
        Chantons, etc.

LES FILLES.

O toi, qu'avec frayeur le chérubin contemple,
Et qui t'abaisses jusqu'à moi ;
Qui, du cœur d'un enfant, aujourd'hui fais ton temple,
Quand les cieux tremblent devant toi !

Ah ! puissé-je, avant qu'infidèle,
Je perde un si cher souvenir,
Mourir comme la fleur nouvelle
Cueillie avant de se flétrir !
Chantons, etc.

TOUS ENSEMBLE.

Oui, Seigneur, désormais rangés sous ton empire,
Nous y voulons vivre et mourir ;
Mais ce vœu que l'amour aujourd'hui nous inspire,
Pouvons-nous sans toi l'accomplir ?

C'est toi qui nous donnas la vie,
Que ta grâce en règle le cours ;
Que ta loi, constamment suivie,
Console enfin nos derniers jours.

Chantons sous cette voûte antique
Le Dieu qui règne sur sur nos cœurs ;
Célébrons par un saint cantique,
Et notre amour et ses faveurs. (*bis.*)

TABLE

ALPHABÉTIQUE ET RAISONNÉE DES PRINCIPALES MATIÈRES RENFERMÉES DANS CETTE NOTICE,

Par L.-J. G***.

A.

	Pages.
Ange tournant du clocher de la Sainte-Chapelle au XIIIe siècle.	38
Anges tournant aux vents et au soleil.	77
Apôtres (Belles statues des douze) dans la nef de la Sainte-Chapelle.	51
— Leurs mutilations.	52
— Leur rétablissement.	53
Archi-chapelain de la Sainte-Chapelle.	21
— Ses priviléges.	*Ib.*
Archives (Premières) françaises créées par saint Louis.	25
— judiciaires placées à la Sainte-Chapelle.	66

B.

Banc en pierre dans la Sainte-Chapelle; son motif pieux.	54
Bellu (M.), charpentier. On lui doit la reconstruction du clocher.	70
Bibliothèque publique; sa première création due à saint Louis.	25
Boiserie des stalles de la Sainte-Chapelle.	57

6*

C.

	Pages.
Canonisation de saint Louis................	12
Cantique chanté dans la Sainte-Chapelle, en 1802...	96
Chapelle basse; son admirable combinaison architecturale................	58
Chapelle (Sainte-). Sa dédicace................	13
— Sa grande beauté..........	11
— Amour de saint Louis pour cet édifice	26
— Ses souvenirs historiques. 27 à	32
— Son architecture...........	37
— Détails de l'édifice.... 38 à	41
— Ses quatre clochers........	72
— Menacée de destruction......	67
— Sauvée par la réaction religieuse et	
— artistique...........	68
Châsse (Grande). Citée......... 15 à	17
— brisée en 1791, lors de l'incendie. *Ib.*	18
Chastillon. Ses gravures de la Sainte-Chapelle....	65
Chiffres de Henri II. (Interprétation des).......	57
Ciborium..............................	18
Cire vierge, seule en usage dans le culte catholique. — Pourquoi?..................	82
Clergé de la Sainte-Chapelle. — Ses priviléges....	21
Clés de la grande châsse, entre les mains du roi, en 1630................	17
— puis en celles des premiers présidents du parlement (note)...............	19
Clocher de la Sainte-Chapelle......... 38 et	39
— Refait par M. Lassus, architecte du gouvernement................	38
— Sa description..........	73
— du temps de Charles VI et Charles VII, détruit.	64
— de Louis XIII, détruit..........	72

	Pages.
Club tenu dans la Sainte-Chapelle	66
Cœur humain trouvé dans la Sainte-Chapelle	60
Comble en bois de châtaignier remplacé par un autre comble en essence de chêne	71
Commission nommée pour la restauration des vitraux.	49
Comité historique des arts et monuments	68
Consécration solennelle de la Sainte-Chapelle	13
Couronne ou phare d'Aix-la-Chapelle. Cité	81
Couronne (Sainte) d'épines mise en gage	6
Crêtes de la toiture de la Sainte-Chapelle . . . 38 et	76
Croix de consécration de la Sainte-Chapelle	52
— de Saint-Denis détruites par les vandales de 93, (notes)	28

D.

Dédicace de la Sainte-Chapelle	13
Duban (M.), architecte. Sa restauration de la Sainte-Chapelle blâmée par un journal	90
Durand (MM.) frères, plombiers, chargés d'exécuter les détails d'ornements du nouveau clocher. 71 et	78
— (*Voir* aussi à *Plomberie*.)	

E.

Emaux de Léonard de Limoges	56
Escaliers en bois sculpté	16
— (petits) en pierre descendant à la chapelle basse	54

F.

Farines placées dans la Sainte-Chapelle	66

	Pages.
Flore sculptée ou peinte de la Sainte-Chapelle..	55
Forgeais (M. Arthur), fondateur de la *Société de Sphragistique de Paris.* Sa collection de sceaux.	24

G.

Gargouilles saillantes (note)..	64
Géreute (Henry), chargé de la restauration des vitraux.	50
Grand-chantre de la Sainte-Chapelle. Ses fonctions, ses priviléges, et les notes 1 et 2.	24
— Sa place d'honneur	55
Guilhermy (M. le baron F. de). Ce que lui doivent les vitraux de la Sainte-Chapelle.	48

H.

Hôtel-Dieu de Beaune; ses belles plomberies du XIIIe siècle. Citées.	58

I.

Indulgence accordée aux visiteurs de la Ste-Chapelle..	14
Inscriptions (deux) commémoratives de la double dédicace	13
Israël Sylvestre. — Ses vues gravées de la Sainte-Chapelle	65

J.

Jaillot. Son opinion sur la fondation de la Sainte-Chapelle.	8
Jubé de la Sainte-Chapelle.	15

L.

	Pages.
Lassus (M.), architecte du gouvernement; ses belles restaurations à la Sainte-Chapelle. . 36 à	48
— Ses projets de restaurations exposés au salon de 1836.	68
— Nommé architecte-inspecteur des travaux . . .	69
Lenormant (M. Ch.). — Son opinion sur le cœur humain trouvé dans la Sainte-Chapelle.	63
Livre numéraire; sa valeur sous saint Louis, note 1. .	12
Louis (Saint) fait construire la Sainte-Chapelle. . . .	8
— Ses croisades.	20
— Sa mort.	Ib.
— Sa canonisation.	12
— On lui doit les premières archives françaises.	25
— Ses reliques à la Sainte-Chapelle. . . .	28
— Ses panégyriques.	29
Lusson (M.), du Mans. Un des habiles restaurateurs des vitraux.	50

M.

Montreuil (Pierre de), célèbre architecte de la Sainte-Chapelle.	9
— Son tombeau, note 1.	Ib.
— Détruit par les vandales de 1793, note 1 . . .	Ib.

N.

Napoléon Ier rend les églises au culte catholique, note 1.	79
National (le). Ce journal blâme les restaurations de la Sainte-Chapelle . . . . 90 à	92

	Pages.
Niches d'honneur; leur décoration.	55
Nicolas (Chapelle St-). *Dissertation* citée sur ce monument.	7

O.

Oratoire de Louis XI.	57
Orgue moderne enlevé.	56
Ostension publique de la vraie croix.	19

P.

Peintures sur cire retrouvées.	54
— murales de la chapelle haute.	54
— de la chapelle basse. Rapport à ce sujet, note 1.	59
Piscine admirable, oubliée par Morand, publiée par M. Guénebault, note 1.	55
Plomberie admirable de la Sainte-Chapelle. . . 73 à	78
Procession des reliques.	18

R.

Reliques de la Sainte-Chapelle. Leur belle châsse. . .	15
— profanées en 1791, et remises à un évêque intrus.	66
— de la Passion conservées miraculeusement. .	*Ib.*

S.

Sacristie de la Sainte-Chapelle.	35
Sceau et contre-sceau de la Sainte-Chapelle de Paris. .	22
— Autre gravé.	23
— Son origine, à la note.	24
Sculpteurs des nouvelles statues des Apôtres.	53

	Pages.
Sculpture d'ornements, fleurs, feuilles, etc.	
Statuaires. Voir *Apôtres*.	
Séguier (M.), premier président de la cour royale. On lui doit la détermination prise au sujet de la restauration de la Sainte-Chapelle.	69
Soubassement de la Ste-Chapelle; sa belle décoration..	54
Steinheil (M.), un des habiles restaurateurs des vitraux.	50
Suspension eucharistique.	80

T.

Trésor de la Sainte-Chapelle, montré rarement. . . .	19
— enlevé en 1791.	65
— profané et détruit..	66
— des Chartes à la Sainte-Chapelle..	35
Trésorier de la Sainte-Chapelle; sa place d'honneur. .	55

V.

Violation du tombeau de Pierre de Montreuil et de sa femme, en 1793 (note 1).	9
Viollet-Le-Duc (M.), adjoint aux travaux de restauration de la Sainte-Chapelle.	69
Vitraux de la Sainte-Chapelle..	42
— Leur dispersion.	47
— Habilement restitués par M. Lassus..	48
Vivet (M.) père. — Sa belle restauration des peintures polychrômes de la chapelle haute.	56

Z.

Zoologie mystique sculptée à la Sainte-Chapelle.. . . .	54

Paris. — BOUCQUIN, Imprimeur, rue de la Sainte-Chapelle, 5.